职业教育汽车类全媒体系列教材

# 汽车底盘构造与维修

主　编　危　哲　李伯平　郭建廉
副主编　王玲娥　上官聪　何　佳
　　　　罗海斌　付　平　徐发根
参　编　陈明明　宗振东　陈联峰

西南交通大学出版社
·成　都·

图书在版编目（ＣＩＰ）数据

汽车底盘构造与维修 / 危哲，李伯平，郭建廉主编
. -- 成都：西南交通大学出版社，2024.4（2025.10 重印）
ISBN 978-7-5643-9772-2

Ⅰ．①汽… Ⅱ．①危… ②李… ③郭… Ⅲ．①汽车 –
底盘 – 结构②汽车 – 底盘 – 车辆修理　Ⅳ．①U463.1
②U472.41

中国国家版本馆 CIP 数据核字（2024）第 060151 号

Qiche Dipan Gouzao yu Weixiu
## 汽车底盘构造与维修

主　编 / 危　哲　李伯平　郭建廉

策划编辑 / 黄庆斌
责任编辑 / 何明飞
封面设计 / GT 工作室

西南交通大学出版社出版发行

（四川省成都市金牛区二环路北一段 111 号西南交通大学创新大厦 21 楼　610031）
营销部电话：028-87600564　　028-87600533
网址：https://www.xnjdcbs.com
印刷：四川森林印务有限责任公司

成品尺寸　185 mm×260 mm
印张　9.75　字数　242 千
版次　2024 年 4 月第 1 版　　印次　2025 年 10 月第 2 次

书号　ISBN 978-7-5643-9772-2
定价　28.00 元

# 前 言

　　随着汽车行业的蓬勃发展，对专业技能人才的需求日益增长。为了响应这一趋势，推动工学一体化教学改革，参照国标教材编制工作的要求，满足汽修专业一体化教学的需要，实现理论教学与实践教学的有机结合，增强教材的适应性和应用性，培养受社会和企业欢迎的具备实际操作能力和创新思维的应用型和技能型人才，我们编写了本书。

　　本书是在编者教学工作的基础上，结合现场工作实践经验，根据学生的认知规律，将教学工作任务与现场实际工作任务有效衔接。在本书的编写过程中，我们特别强调教材的适应性和应用性，确保学生能够在真实的工作环境中迅速适应并发挥专业技能。全书分为四大章节，包括传动异响、行驶抖动、转向沉重及制动无力。在内容设计上以学生为主体，以教师为主导，根据汽车维修专业一体化教学标准，结合汽车维修行业对工作者岗位能力的需求，以典型工作任务为载体，按照学生职业能力发展和成长规律确定典型工作任务的难度等级和顺序，按照现场实际工作流程，将典型工作任务设计为小型的学习单元，注重培养学生的综合职业能力，充分发挥学生的学习主动性。

　　虽然我们的团队在编写过程中投入了大量的精力和专业知识，但书中难免会有疏漏和不足之处。我们诚挚地希望广大专家、同仁和读者能够提出宝贵的意见和建议，帮助我们不断改进和完善。最后，我们期待这本书能够成为汽车维修教育领域的一部精品，为培养高素质的技能型人才贡献力量。

编　者

2024 年 5 月

# 数字资源目录

# 目　录

## 学习任务四　汽车制动无力故障检修

# 学习任务一　汽车传动异响故障检修

## 【学习目标】

（1）能通过与客户交流、查阅相关维修技术资料等方式获取车辆信息。

（2）能根据任务要求制订合理的维修计划。

（3）能对汽车底盘总体结构及传动系统进行认知。

（4）能描述万向传动装置、驱动桥的安装位置、作用及组成。

（5）能描述离合器和变速器的作用、组成、类型及工作原理。

（6）能查找维修手册，对汽车万向传动装置、驱动桥、离合器、变速器进行拆装、检查与调整。

（7）能根据维修计划，选择正确的工量具和诊断设备对汽车万向传动装置、驱动桥、离合器和变速器进行检修。

（8）能对维修场地、设备进行日常维护和保养，按 6S 管理规定要求清理现场。

（9）能对相关资料、互联网资源进行检索，并完成维修工单、工作页的填写。

（10）能展示工作成果，进行任务评价，总结工作经验，优化检修方案。

（11）能在作业过程中严格按照企业操作规范操作，严格遵守安全生产制度、环保管理制度和从业人员职业道德，具有吃苦耐劳、爱岗敬业的工作态度和职业精神。

## 【建议学时】

30 学时。

## 【任务情境描述】

李先生发现自己的车辆行驶里程 90 000 km 的小汽车，在行驶过程中有异响。经维修工检查，异响可能来自传动系统，需要对该车传动系统进行检修。

学习活动及课时分配表

| 序号 | 学习活动 | 学时安排 | 备注 |
|------|----------|----------|------|
| 1 | 传动系统的认知与作业准备 | 4 | |
| 2 | 万向传动装置检查与更换 | 4 | |
| 3 | 驱动桥的检查与更换 | 4 | |
| 4 | 离合器的检查与更换 | 8 | |
| 5 | 手动变速器的拆装 | 8 | |
| 6 | 工作总结与评价 | 2 | |

# 学习活动一　传动系统的认知与作业准备

## 【学习目标】

（1）能阅读维修工单，明确维修工单内容。
（2）明确传动系统的组成和工作原理。

## 【建议学时】

4学时。

## 【学习要求】

| 序号 | 学习步骤 | 学习内容 | 学时 | 备注 |
|---|---|---|---|---|
| 1 | 识读维修工单 | 维修工单的内容、意义 | 1 | |
| 2 | 传动系统认知 | 1. 传动系统的功用；<br>2. 传动系统的结构组成 | 2 | |
| 3 | 作业准备 | 场地、设备、工量器具准备 | 0.6 | |
| 4 | 学习过程评价 | 学习过程评价表 | | |

## 【学习过程】

### 一、阅读维修工单，明确作业任务

维修工单见表1-1-1。

表 1-1-1　维修工单

来店时间：_____年____月_____日_____时　　　　　交车时间：_____月_____日_____时

| 顾客姓名 | | 车牌号 | | 车型 | | 车辆颜色 | |
|---|---|---|---|---|---|---|---|
| 顾客电话 | | 行驶里程 | | VIN 号 | | | |
| 维修项目 | | | | | | | |
| _____km常规保养□　　一般维修□　　事故车□　　洗车□　　其他□ | | | | | | | |
| 维修项目 | 配件 | 工时 | 合计 | 维修项目 | 配件 | 工时 | 合计 |
| 1. | | | | 6. | | | |
| 2. | | | | 7. | | | |
| 3. | | | | 8. | | | |
| 4. | | | | 9. | | | |
| 5. | | | | 合计： | | | |

| 故障描述及诊断结果 |
|---|
| |

| 保养项目 | | 旧件 | | 环车检查 | | | |
|---|---|---|---|---|---|---|---|
| 机油 | | 带走□　不带走□ | | | | | |
| 机滤 | | | | | | | |
| 空滤 | | | | 外观检查（有损坏处圈出） | | | |
| 汽虑 | | 油量显示（用→标记） | | | | | |
| 空调滤 | | | | | | | |
| 火花塞 | | FULL | | | | | |
| 变速箱油 | | | | | | | |
| 转向油 | | | | | | | |
| 防冻液 | | | | | | | |
| 制动油 | | | | | | | |
| 全车皮带 | | EMPTY | | | | | |
| 润滑清洗 | | | | | | | |
| 进气燃油 | | | | | | | |
| 空调杀菌 | | 灯光检测 | | 轮胎检测 | | 制动检测 | 底盘检测 |
| 接车人签字： | | | | 顾客签字： | | | |

## 二、汽车底盘总体结构

汽车底盘是汽车的基础，其作用是支撑和安装发动机、车身等总成与部件，形成汽车的整体，并接受发动机输出的动力，使汽车产生运动且保证汽车正常行驶。汽车底盘整体构造如图1-1-1所示。

图 1-1-1　汽车底盘整体结构

汽车底盘由行驶系统、制动系统、转向系统和传动系统组成，如图 1-1-2 所示。

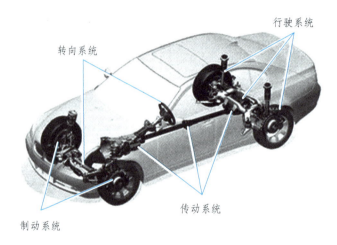

图 1-1-2　汽车底盘结构

## 三、传动系统认知

### （一）传动系统

汽车传动系统是指从发动机到驱动车轮之间所有动力传动装置的总称。

汽车传动系统能促使汽车起步平稳、变速平顺、减慢速度、提高转矩以及在转向时差速等，给行驶过程中的汽车以足够充足的牵引力和行车速度变化，进而确保汽车在行驶过程中安全、稳定。

### （二）传动系统的组成

传动系统由离合器、变速器、万向传动装置、主减速器、差速器和半轴等组成，如图 1-1-3 所示。

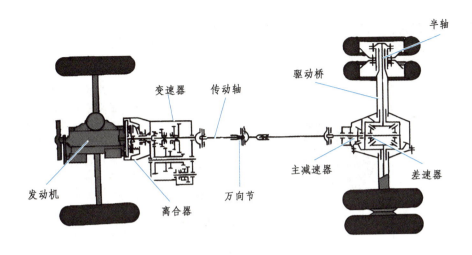

图 1-1-3　传动系统组成

## （三）传动系统的主要功能

（1）减速或增速，降低或提高动力机械的转速，以满足系统实施工作的需要。

（2）当使用动力机械进行变速不经济、不可能或不能满足要求时，通过传动系统实现有级变速或无级变速，以满足执行系统的多种速度要求。

（3）改变运动规律或者运动形式，将动力发动机输出的匀速连续旋转运动转化为按照一定规律变化的旋转或者非旋转运动。

## 四、汽车传动系统的布置形式

汽车传动系统布置形式

汽车传动系统的常见驱动形式及其特点见表 1-1-2。

表 1-1-2　汽车传动系统的常见驱动形式及其特点

| 驱动形式 | 图片 | 特点 |
|---|---|---|
| 发动机前置、后轮驱动（FR 型） | 后驱动桥　后差速器　传动轴　变速器　发动机<br><br>发动机➡离合器➡变速器➡传动轴<br>⬇<br>驱动轮⬅半轴⬅差速器 | 这种布置形式一般是将发动机、离合器、变速器连成一个整体安装在汽车的前部，而主减速器、差速器和半轴则安装在汽车后部的后桥壳内，两者之间通过万向传动装置相连。这种后轮驱动的布置形式附着力大，容易获得足够的驱动力，并且发动机的散热条件好，驾驶员可直接操纵离合器、变速器，因而操纵机构简单，维修方便。这是目前货车上广泛采用的一种传动系统的布置形式 |

| 驱动形式 | 图片 | 特点 |
|---|---|---|
| 发动机前置、前轮驱动（FF型） | | 这是轿车上普遍采用的一种传动系统布置形式，有发动机纵向布置和横向布置之分。汽车变速器、主减速器和差速器装配成一个整体，并与发动机、离合器一起集中安装在汽车前部。这种布置形式除了具有发动机散热条件好、操纵机构简单、维修方便等优点外，还省去了很长的传动轴，因此传动系统结构紧凑，整车重心降低，高速行驶稳定性好。其缺点是上坡时前轮附着力减小，易打滑；下坡制动时前轮负荷过重，高速时易发生翻车 |
| 发动机后置、后轮驱动（RR型） | | 这是大型客车常采用的一种传动系统布置形式。汽车发动机、离合器和变速器制成一体布置在驱动桥之后，大大缩短了传动轴的长度，使传动系统结构紧凑，重心有所降低，前轴不易过载，后轮附着力大，并能充分利用车厢空间。但由于发动机后置，其散热条件差，发动机、离合器、变速器的远距离操纵使操纵机构变得复杂，且行车时驱动系统的某些故障不易被驾驶员察觉 |
| 越野汽车传动系统的布置形式 | | 与发动机前置、后轮驱动的汽车相比，该布置形式的前桥既是转向桥也是驱动桥。为了将发动机传给变速器的动力分配给前后两个驱动桥，在变速器后增设了分动器，并相应地增设了从变速器到分动器、从分动器通向前后两驱动桥之间的万向传动装置。由于前桥既是驱动桥也是转向桥，所以左右两根半轴均分为两段，并用万向节相连 |

## 【学习过程评价】

学习过程评价见表 1-1-3。

表 1-1-3　学习过程评价表

| 班级 | | 姓名 | | 学号 | | 日期 | 年　月　日 |
|---|---|---|---|---|---|---|---|
| 序号 | 评价要点 | | | | 配分 | 得分 | 总分 |
| 1 | 能正确识读和填写工作页，明确学习活动要求 | | | | 10 | | A（86～100）□ B（76～85）□ C（60～75）□ D（60以下）□ |
| 2 | 能查阅资料，能描述汽车底盘的总体结构 | | | | 20 | | |
| 3 | 能查阅资料，能描述传动系统的组成及作用 | | | | 20 | | |
| 4 | 能查阅资料，能描述传动系统的布置形式 | | | | 20 | | |
| 5 | 能遵守劳动纪律，以积极的态度接受工作任务 | | | | 10 | | |
| 6 | 能积极参与小组讨论，具有团队合作精神 | | | | 10 | | |
| 7 | 能及时完成教师布置的任务 | | | | 10 | | |
| 总　分 | | | | | 100 | | |
| 小结建议 | | | | | | | |

# 学习活动二　万向传动装置检查与更换

## 【学习目标】

（1）能按照规范完成万向传动装置的拆装。
（2）能按照规范完成万向传动装置各主要零部件的检修。

## 【建议学时】

4学时。

## 【学习要求】

| 序号 | 学习步骤 | 学习内容 | 学时 | 备注 |
|---|---|---|---|---|
| 1 | 万向传动装置的拆装 | 1. 十字轴万向传动装置的拆装；<br>2. 等速万向传动装置的拆装 | 2 | |
| 2 | 万向传动装置的检修 | 检修万向传动装置零部件 | 1.5 | |
| 3 | 学习过程评价 | 学习过程评价表 | 0.5 | |

## 【学习过程】

## 一、万向传动装置的拆装

万向传动装置的功用

### （一）十字轴万向传动装置的拆装

1．注意事项

（1）拆卸前，应先检查传动轴末端凸缘盘与主减速器凸缘盘标记，如果无标记，应先做好标记再拆卸，以保证传动轴的动平衡。

（2）分解传动轴总成时，要先在两个万向节叉上做好标记再拆卸，在装配时原位装回，以保证传动轴的动平衡。

（3）传动轴表面带有方形凸块的是平衡块，在拆装时注意不要碰掉，如果不慎掉落，要重新对传动轴做动平衡。

（4）为保证再装配后十字轴轴承的配合精度，拆卸十字轴轴承之前要做好标记，并原位装回。

（5）零件拆卸后应使用清洁的煤油彻底清洗，清洗后用压缩空气吹干。

（6）如果十字轴带油盅，则安装万向节十字轴时，应使十字轴上的油盅朝向传动轴，以便在维护时加注润滑脂。

**2．万向传动装置的分解**

（1）用举升器举升车辆至合适位置。

（2）检查传动轴末端凸缘盘与主减速器凸缘盘标记，如果无标记，要做好标记后再拆卸。

（3）从传动轴后端与主减速器凸缘盘的连接处开始，将凸缘盘的连接螺栓拆下，如图 1-2-1 所示，然后将滑动叉组件从变速器输出轴拉出，取下传动轴总成。

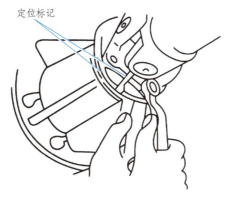

定位标记

万向节的类型

图 1-2-1　拆装凸缘盘连接螺栓

（4）分解传动轴总成：先在万向节的两个传动叉上分别做好标记，再拆下十字轴卡簧，用锤子轻击凸缘盘，将凸缘叉内的十字轴轴承套振出，如图 1-2-2 所示。

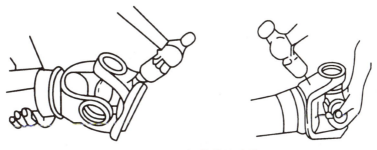

图 1-2-2　分解传动轴总成

（5）在每个十字轴轴颈和轴承套上做好装配标记，将同组的滚针和轴承套单独存放。

**3．万向传动装置的装配**

（1）用清洁的煤油清洗零件，并用压缩空气吹干。

（2）核对万向节两个传动叉之间和十字轴轴承套与十字轴之间的装配标记。

（3）组装后端万向节：对齐凸缘叉与传动轴的标记，如图 1-2-3 所示。

图 1-2-3　组装后端万向节

（4）传动轴总成装车：检查传动轴末端凸缘盘与主减速器凸缘盘标记，检查变速器输出轴油封，如果老化、损坏，应更换油封。

（5）将汽车降至地面。

## （二）等速万向传动装置的拆装

### 1．万向传动装置的拆卸

（1）在车轮着地时，拆下传动轴与轮毂的紧固螺母。

（2）旋下可移动球形接头与下摆臂的紧固螺母，放下下摆臂，但要注意连接位置，并做好安装记号。

（3）弄直锁片，旋下螺栓，从主减速器上的驱动凸缘盘上取下传动轴内端的等速万向节。

（4）从车轮轴承内拉出万向传动装置。

注意：拆卸后必须装上一根代替的连接轴，避免损坏前轮总成。

### 2．万向传动装置的分解

（1）外万向节的拆卸：用钢锯将外万向节金属环锯开，取下防护罩，用锤子将外万向节从传动轴上敲下。用电蚀笔或油石在外万向节球笼和球形壳上标出星形套的位置。

（2）内万向节（VL型球笼式等速万向节）的拆卸：拆卸卡环，然后用专用工具将内万向节从传动轴上压出。

（3）外万向节的分解。

① 旋转球笼与星形套，依次取下6个钢球。

② 用力转动球笼，直至球笼上的方孔（箭头所指部位）与球形壳垂直，连同星形套一起从球形壳中拆下。

③ 把星形套的扇形齿旋入球笼的方孔，然后从球笼中取下星形套。

（4）内万向节的分解。

① 转动星形套与球笼，按箭头方向压出球笼和星形套，然后取出钢球。

② 转动星形套，使其与球笼分开。

### 3．万向传动装置的检查

（1）检查内外万向节各部件的磨损情况和装配间隙，一般酌情单件更换。

（2）检查各卡箍有无松动，内外防尘罩有无裂纹，弹簧挡圈是否损坏。

（3）万向节各球节处的6个钢球要求具有一定的配合公差，并与星形套一起成为一组配合件。

（4）检查内万向节球形套笼、壳体及钢球有无凹陷与磨损。

### 4．万向传动装置的安装

（1）外等速万向节的安装。

① 将规定润滑脂总量的一半（45 mg）注入万向节内。

② 将球笼连同球壳一起装入球笼壳体，对角交替地压入钢球，必须保持球壳在球笼内以及球笼壳内的原有位置。

③ 将弹簧挡圈装入球毂，并将剩余的润滑脂压入万向节。

（2）内等速万向节的安装。

① 对准凹槽，将球毂嵌入球笼。

② 将钢球与球笼的球毂垂直装入壳体。安装时应注意：旋转之后，球笼壳上的宽间隙应对准球毂上的窄间隙，且球壳内径（花键齿）上的倒角必须对准球笼的大直径端。

③ 扭转球毂，这样球毂就能转出球笼，使球与壳体中的球槽配合（有足够间隙）。然后，用力压球笼（按箭头方向），使装有钢球的球毂完全转入球笼内。最后，检查万向节功能是否完好。

④ 如果用手能将钢球在轴向范围内来回灵活推动，表明该球笼壳组装正确。

（3）内外万向节与传动轴的组装。

① 外万向节与传动轴的连接。

在传动轴上套上防护罩、碟形座圈；在球毂内放入新的弹簧挡圈，用专用工具将其压入万向节，直至弹簧挡圈和碟形座圈装在与传动轴相配合的位置上，其安装位置如图 1-2-4 所示。

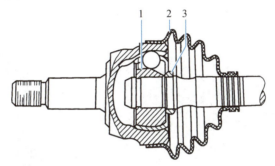

1—弹簧挡圈；2—防尘罩；3—碟形座圈。

图 1-2-4　外万向节与传动轴的连接

② 内万向节与传动轴的连接。

用步骤①相同的方法，用专用工具压入内万向节，装上挡圈和密封垫片。

③ 防尘罩的安装。

在万向节上安装防尘罩，由于防尘罩经常受到挤压，会在防尘罩内部产生真空，从而形成内吸的拆痕。因此，装配时在安装防尘罩小口径后，微量充气，使压力平衡，不致产生褶皱，然后夹紧软管箍或夹头。

（4）传动轴总成的安装。

装配前应擦净传动轴与轮毂花键上的油，去除防护剂的残留物，然后按下列步骤安装传动轴。

① 在等速万向节上均匀地涂上一圈 5 mm 厚的防护剂 D6，然后装上传动轴花键套。注意：涂上防护剂 D6 后应停车 1 h 方可使用。

② 将球形接头重新装配在原位置，并拧紧螺母，拧紧力矩为 50 N·m。

③ 必要时应检查前轮外倾角，在前悬架下臂上固定球形接头时，注意不要损坏波纹管护套。

④ 拧紧轮毂固定螺母，拧紧力矩为 230 N·m。

## 二、万向传动装置的检修

（1）用清洁的煤油清洗所有零件。

（2）检查十字轴油封是否损坏，若损坏应更换新件。

（3）检查传动轴平衡块是否脱落，有无外伤变形，如果有脱落和变形，应重新做动平衡。

（4）检查十字轴轴承表面、滚针表面的磨损情况，若有明显划伤、疲劳剥落、滚针破碎、轴承套配合表面有沟槽等情况，应整套更换轴承；若十字轴表面同时出现明显划痕、沟槽和疲劳剥落，应更换十字轴总成。

（5）检查万向节叉表面是否有裂纹，叉孔是否有磨损、失圆，两叉孔中心线是否一致，若有严重磨损、失圆、两孔中心线不一致，均应更换新件。

（6）检查传动轴径向圆跳动量，其最大圆跳动量不大于 0.8 mm。当超过极限值时，应在压床上进行冷压校正，如图 1-2-5 所示。

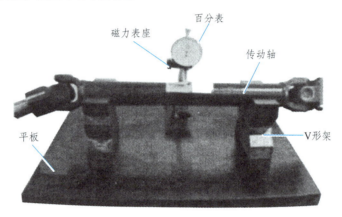

图 1-2-5　压床

（7）十字轴轴承配合间隙的检查如图 1-2-6 所示。

图 1-2-6　十字轴轴承配合间隙检查

（8）检查滑动叉花键副的配合间隙，一般不大于 0.15 mm，超过标准值时应更换新件。

（9）检查滑动叉与变速器油封接合外表面是否有磨伤，不能保证密封时应更换油封。

## 【学习过程评价】

学习过程评价见表 1-2-1。

表 1-2-1　学习过程评价表

| 班级 | | 姓名 | | 学号 | | 日期 | | 年 月 日 |
|---|---|---|---|---|---|---|---|---|
| 序号 | 评价要点 | | | | | 配分 | 得分 | 总分 |
| 1 | 能正确识读和填写工作页，明确学习活动要求 | | | | | 10 | | |
| 2 | 能按照规范完成十字轴万向传动装置的拆装 | | | | | 20 | | |
| 3 | 能按照规范完成等速万向传动装置的拆装 | | | | | 20 | | A（86~100）□ |
| 4 | 能按照规范完成万向传动装置的检修 | | | | | 20 | | B（76~85）□ |
| 5 | 能遵守劳动纪律，以积极的态度接受工作任务 | | | | | 10 | | C（60~75）□ |
| 6 | 能积极参与小组讨论，具有团队合作精神 | | | | | 10 | | D（60以下）□ |
| 7 | 能及时完成教师布置的任务 | | | | | 10 | | |
| 总　分 | | | | | | 100 | | |
| 小结建议 | | | | | | | | |

# 学习活动三 驱动桥的检查与更换

## 【学习目标】

（1）能描述主减速器与差速器的类型。
（2）能按照规范完成主减速器与差速器的拆装。
（3）能按照规范完成主减速器与差速器各主要零部件的检查。

## 【建议学时】

4学时。

## 【学习要求】

| 序号 | 学习步骤 | 学习内容 | 学时 | 备注 |
|------|---------|---------|------|------|
| 1 | 主减速器与差速器的类型 | 1. 主减速器的类型；<br>2. 差速器的类型 | 0.5 | |
| 2 | 主减速器与差速器的拆装 | 1. 主减速器的拆装；<br>2. 差速器的拆装 | 2 | |
| 3 | 主减速器与差速器的检查 | 1. 主减速器的检查；<br>2. 差速器的检查 | 1 | |
| 4 | 学习过程评价 | 学习过程评价表 | 0.5 | |

## 【学习过程】

驱动桥是位于传动系末端能改变来自变速器的转速和转矩，并将它们传递给驱动轮的机构。驱动桥一般由主减速器、差速器、车轮传动装置和驱动桥壳等组成。

## 一、主减速器与差速器的类型

### （一）主减速器的类型

主减速器的类型见表1-3-1。

表 1-3-1　主减速器的类型

| 分类方法 | 名称 | 特点及应用 |
|---------|------|-----------|
| 按齿轮副数目分类 | 单级式 | 其结构简单、体积小、质量轻、传动效率高，一般用于轿车和轻中型货车 |
| | 双级式 | 适用于重型汽车、越野汽车、大型客车等 |

| 分类方法 | 名称 | | 特点及应用 |
|---|---|---|---|
| 按主减速器传动比分类 | 单速式 | | 其传动比是固定的 |
| | 双速式 | | 有两种传动比供选择 |
| 按齿轮副结构形式分类 | 圆柱齿轮式 | | 适用于发动机横置、前轮驱动的汽车 |
| | 圆锥齿轮式 | 曲线锥齿轮式 | 适用于发动机纵置的汽车 |
| | | 准双曲面齿轮式 | |

### （二）差速器的类型

差速器按其用途可分为轮间差速器和轴间差速器两类。其中，轮间差速器装在同一驱动桥两侧驱动轮之间，而轴间差速器装在各驱动桥之间。

差速器按其工作特性可分为齿轮式差速器和防滑式差速器两类。其中，齿轮式差速器有圆柱齿轮式和圆锥齿轮式两种，圆锥齿轮式差速器结构简单、紧凑、工作平稳，因此应用最为广泛。

## 二、主减速器与差速器的拆装

### （一）主减速器的拆装

1．主动锥齿轮和从动锥齿轮总成的拆卸

（1）将变速器固定在支架上，拆下轴承支座和后盖。

（2）取下车速里程表传感器，如图1-3-1所示。

图1-3-1　车速里程传感器

（3）锁住传动轴（半轴），拆下紧固螺栓，并取下传动轴，如图1-3-2所示。

（4）取下车速里程表的主动齿轮导向器和齿轮。

（5）拆下主减速器盖，从变速器壳体上取下差速器，如图1-3-3所示。

（6）用铝质夹具将差速器壳固定在台虎钳上，拆下从动锥齿轮的紧固螺栓。注意：从动锥齿轮的紧固螺栓是自动锁紧的，一经拆卸就必须更换。

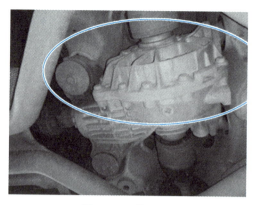

图 1-3-2　传动轴

图 1-3-3　差速器

（7）取下从动锥齿轮。

（8）拆下并分解变速器输出轴。仔细检查所有零件，尤其是同步器环和齿轮，损坏和磨损的零件应更换。

2．主减速器的安装

（1）在变速器输出轴上装上所有齿轮、轴承及同步器，计算输出轴的调整垫片 $S_3$ 的厚度。

（2）将从动锥齿轮加热到 120 ℃ 左右，并将其装在差速器壳上，安装时用两个螺纹销导向。

（3）装上新的从动锥齿轮螺栓，并用 70 N·m 的力矩交替拧紧。

（4）计算从动锥齿轮的调整垫片 $S_1$ 和 $S_2$ 的厚度，把计算好的垫片安装在适当位置上。

（5）将轴承支座装在变速器壳体上，并使用新的衬垫；装上变速器后盖。

（6）将差速器装在变速器壳体上；将主减速器盖装在壳体上，用 25 N·m 的力矩拧紧螺栓。

（7）装上车速里程表的主动齿轮和导向器，并装上传感器。

（8）装上一个半轴凸缘，用凿子将其锁住，装上螺栓，用 20 N·m 的力矩拧紧；装上另一个半轴凸缘。

（9）加注齿轮油并装上变速器。

## （二）差速器的拆装

1．半轴齿轮和行星齿轮的拆卸

（1）拆卸变速器、差速器和从动锥齿轮。

（2）拆下行星齿轮轴的夹紧套筒，如图 1-3-4 所示。

（3）取下行星齿轮轴，再取下行星齿轮和半轴齿轮。

2．半轴齿轮和行星齿轮的安装

在安装前，检查复合式止推垫片有无损坏，如果有，应更换止推垫片。

（1）通过半轴凸缘将半轴齿轮固定在差速器壳上，如图 1-3-5 所示。

（2）将行星齿轮放在适当位置，转动半轴凸缘使行星齿轮装入差速器壳，如图 1-3-6 所示。

（3）装上行星齿轮轴，如图 1-3-7 所示，在行星齿轮轴上安装夹紧销。

图 1-3-4　拆卸行星齿轮轴夹紧套筒

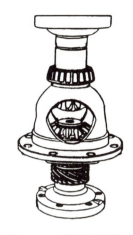

图 1-3-5　固定半轴齿轮

图 1-3-6　行星齿轮装入差速器壳

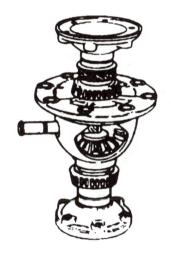

图 1-3-7　安装行星齿轮轴

（4）取下差速器半轴凸缘，将从动锥齿轮加热到 120 ℃ 左右，并装在差速器壳上。

（5）将差速器装在变速器壳体内，装上半轴凸缘。

（6）装上变速器。

3．差速器壳的拆卸

（1）拆卸变速器，拆下差速器。

（2）拆下差速器轴承（与从动锥齿轮相对的一边），如图 1-3-8 所示。

（3）拆下差速器另一边轴承，如图 1-3-9 所示。同时，取下车速里程表主动齿轮和锁紧套筒。

（4）拆下变速器侧面的密封圈，如图 1-3-10 所示。

（5）从主减速器盖上拆下差速器轴承的外圈和调整垫片 $S_1$，如图 1-3-11 所示。

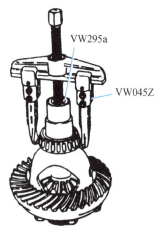

图 1-3-8　拆卸差速器轴承

（6）从变速器壳体上拆下差速器轴承的外圈和调整垫片 $S_2$，如图 1-3-12 所示。更换差速器轴承时，外圈需一起更换，同时必须计算从动锥齿轮调整垫片 $S_1$ 和 $S_2$ 的厚度。

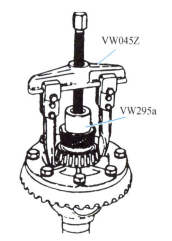

图 1-3-9　折卸差速器另一边轴承

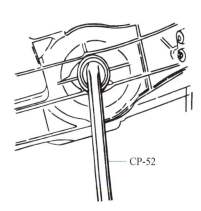

图 1-3-10　拆卸变速器侧面密封圈

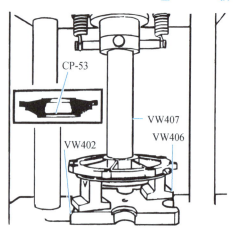

图 1-3-11　拆卸差速器轴承外圈和调整垫片 $S_1$

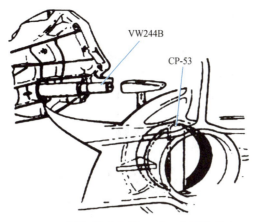

图 1-3-12　拆卸差速器轴承外圈和调整垫片 $S_2$

4．差速器壳的安装

（1）计算从动锥齿轮调整垫片 $S_1$ 和 $S_2$ 的厚度。

（2）装上调整垫片 $S_2$ 和差速器轴承外圈，如图 1-3-13 所示。

（3）装上调整垫片 $S_1$ 和轴承外圈。

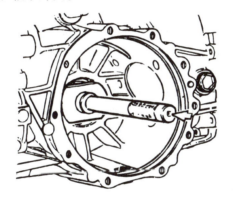

图 1-3-13　安装调整垫片和差速器轴承外圈

（4）装上变速器侧面的密封圈。加热差速器轴承（与从动齿轮相对一面）至 120 ℃ 左右，并将其装在差速器壳上，如图 1-3-14 所示。

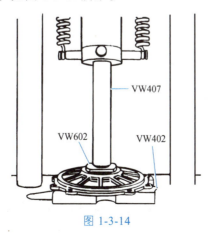

图 1-3-14

（5）将轴承压到位，如图 1-3-15 所示。

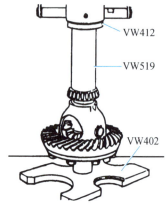

图 1-3-15　轴承压到位

（6）加热差速器另一边轴承至 120 ℃ 左右，并将其装在差速器壳上，将轴承压到位。

（7）装上车速里程表主动齿轮和锁紧套筒，使 $x = 1.8$ mm，如图 1-3-16 所示。

（8）用适当的变速器油润滑差速器轴承；将差速器装入变速器壳体内，装上主减速器盖，拆下变速器后盖和轴承支座。

（9）将专用工具与力矩扳手一起装在差速器上，如图 1-3-17 所示。

（10）通过力矩扳手转动差速器，检查摩擦力矩，对新的轴承来说最小摩擦力矩应为 2.5 N·m。

（11）调整从动锥齿轮，装上变速器后盖和轴承支座。

（12）装上半轴凸缘，给变速器加注润滑油，装上变速器。

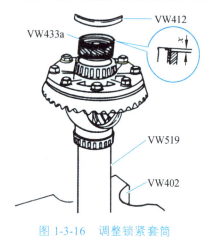

图 1-3-16　调整锁紧套筒

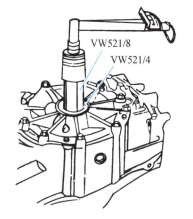

图 1-3-17　用力矩扳手和专用工具安装

# 三、主减速器与差速器的检查

## （一）主减速器的检查

（1）检查主、从动锥齿轮是否有刮伤、疲劳剥落或严重磨损，必要时成对更换。

（2）检查从动锥齿轮的偏摆量（应小于 0.07 mm）。

（3）检查轴承、座圈是否有磨耗、烧损、凹痕等。

（4）检查主减速器壳有无裂纹及损伤。

## （二）差速器的检查

（1）差速器壳应无裂纹及损伤，壳体与行星齿轮、半轴齿轮的接触面应光滑、无沟槽。

（2）检查行星齿轮及其轴间间隙（一般为 0.12 mm，使用限度为 0.2 mm）。

（3）检查行星齿轮轴与差速器壳配合孔处的磨损情况。

## 【学习过程评价】

学习过程评价见表 1-3-2。

表 1-3-2　学习过程评价表

| 班级 | | 姓名 | | 学号 | | 日期 | 年　月　日 | |
|---|---|---|---|---|---|---|---|---|
| 序号 | 评价要点 | | | | 配分 | 得分 | 总评 | |
| 1 | 能正确识读和填写工作页，明确学习活动要求 | | | | 5 | | | |
| 2 | 能查阅资料，写出主减速器与差速器的类型 | | | | 5 | | | |
| 3 | 能按照规范完成主减速器的拆装 | | | | 15 | | | |
| 4 | 能按照规范完成差速器的拆装 | | | | 15 | | A（86～100）□ | |
| 5 | 能按照规范完成主减速器的检查 | | | | 10 | | B（76～85）□ | |
| 6 | 能按照规范完成差速器的检查 | | | | 10 | | C（60～75）□ | |
| 7 | 能遵守劳动纪律，以积极的态度接受工作任务 | | | | 15 | | D（60 以下）□ | |
| 8 | 能积极参与小组讨论，具有团队合作精神 | | | | 10 | | | |
| 9 | 能及时完成教师布置的任务 | | | | 15 | | | |
| 总分 | | | | | 100 | | | |
| 小结建议 | | | | | | | | |

# 学习活动四　离合器的检查与更换

## 【学习目标】

（1）能描述离合器的组成与主要零部件的作用。
（2）能按照规范拆装离合器。
（3）能按照规范检查离合器主要零部件。
（4）能分析离合器常见故障原因。

## 【建议学时】

8 学时。

## 【学习要求】

| 序号 | 学习步骤 | 学习内容 | 学时 | 备注 |
|---|---|---|---|---|
| 1 | 离合器总成的结构 | 1. 离合器的组成；<br>2. 离合器的主要零部件 | 1 | |
| 2 | 离合器的拆装 | 1. 离合器的拆卸；<br>2. 离合器的安装 | 3 | |
| 3 | 离合器的检修 | 1. 从动盘的检修；<br>2. 离合器总成的检查 | 2 | |
| 4 | 离合器常见故障原因 | 1. 离合器常见故障现象；<br>2. 离合器常见故障原因 | 1.5 | |
| 5 | 学习过程评价 | 学习过程评价表 | 0.5 | |

## 【学习过程】

## 一、离合器总成的结构

### （一）离合器的组成

如图 1-4-1 所示，汽车离合器一般由离合器盖、压盘、从动盘、膜片弹簧、传动钢带、分离钩和分离轴承等组成。

### （二）离合器主要零部件

通过查阅资料和检查待修车辆，对离合器的组成与结构进行认知，离合器主要零部件的名称及作用见表 1-4-1。

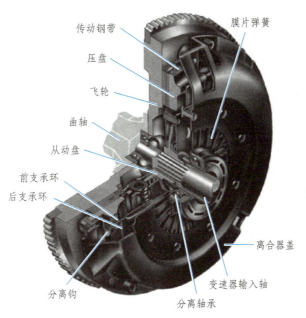

传动钢带
膜片弹簧
压盘
飞轮
曲轴
从动盘
前支承环
后支承环

膜片弹簧离合器工作原理

离合器盖
变速器输入轴
分离轴承
分离钩

图 1-4-1　离合器总成

表 1-4-1　离合器主要零部件

| 序号 | 图片 | 名称 | 作用 |
|---|---|---|---|
| 1 | | 离合器外壳 | 用于支撑和保护离合器内部结构 |
| 2 | | 离合器盖 | 用于支承并安装离合器压盘、压紧弹簧及分离杆机构 |
| 3 | | 膜片弹簧 | 膜片弹簧起压紧弹簧分离杠杆的作用 |

| 序号 | 图片 | 名称 | 作用 |
|------|------|------|------|
| 4 | | 分离轴承 | 分离轴承可以使分离杠杆一边旋转一边沿离合器输出轴轴向移动，从而保证离合器接合平顺，分离柔和，减少磨损，延长离合器及整个传动系统的使用寿命 |
| 5 | | 分离杠杆 | 在受力的情况下，把弹簧压紧，使从动盘与离合器分开，起到使发动机和变速器分离的作用 |
| 6 | | 压盘 | 用于压紧从动盘，使发动机发出的转矩通过飞轮及压盘与从动盘接触面的摩擦作用传到从动盘 |
| 7 | | 从动盘 | 通过摩擦转换，把发动机的扭矩传递给变速器 |

## 二、离合器的拆装

### （一）离合器的拆卸

（1）拆下离合器拉索。

（2）拆下离合器分离叉轴传动臂。

（3）拆除离合器总成，做好离合器盖与飞轮间的装配标记。

（4）拆卸离合器操纵机构的分离装置，步骤如下。

① 拆除支承弹簧和分离轴承。

② 取下分离轴承导向套筒及垫圈。

③ 用尖嘴钳拆下挡圈，取下橡胶防尘套、轴承衬套和轴承。

④ 拆除复位弹簧，取出分离叉轴。

（5）拆下压盘总成和从动盘总成。将飞轮固定，交替、对称拧松离合器压盘总成与飞轮之间的固定螺栓，取下压盘总成和从动盘总成。

（6）拆除离合器踏板机构。拆除锁片，取下离合器踏板，用专用工具压出轴承衬套。

### （二）离合器的安装

按与拆卸离合器相反的顺序安装。安装时应注意以下几点：

（1）离合器盖与压盘及复位弹簧的对合标记要对齐。

（2）在组装各支点和轴承表面以及分离轴承时应涂抹润滑脂。

（3）离合器从动盘有减振器盘的一面应朝向压盘方向安装。

（4）安装离合器压盘总成时，需要导向定位器或变速器输入轴进行中心定位，使从动盘与压盘同心，以便安装输入轴。

（5）压盘必须与飞轮接触才能紧固螺栓。紧固时按对角线逐次拧紧，紧固力矩为25 N·m。

（6）分离叉轴两端必须同心。

（7）离合器分离叉轴传动臂的安装位置与固定拉索螺母架的位置必须相距 195 ~ 205 mm。

（8）应将离合器踏板自由行程调整为 15 ~ 25 mm。

（9）安装橡胶防尘套时，先将压簧推入分离轴承，再预压挡圈使防尘套尺寸至 18 mm 后锁紧，分离轴承锁紧力矩为 15 N·m。

## 三、离合器的检修

### （一）从动盘的检修

（1）目视检查从动盘摩擦片是否有裂纹、铆钉外露、减振器弹簧断裂等现象，如果有，应更换从动盘。

（2）从动盘端面圆跳动的检测（见图1-4-2）：在距从动盘外边缘 2.5 mm 处测量，离合器从动盘最大端面圆跳动为 0.4 mm。如果不符合要求，可用扳钳校正或更换从动盘。

图 1-4-2　从动盘端面圆跳动检测

（3）摩擦片磨损程度的检查。摩擦片磨损程度可用游标卡尺进行测量，如图 1-4-3 所示。铆钉头埋入深度 $t$ 应不小于 0.20 mm。如果检查结果不符合要求，应更换从动盘。

图 1-4-3　摩擦片磨损检查

## （二）离合器盖总成的检查

（1）如图 1-4-4 所示，检查膜片弹簧的磨损程度（深度 $A \leqslant 0.6$ mm，宽度 $B \leqslant 5$ mm），如果不符合要求，应更换离合器盖总成。

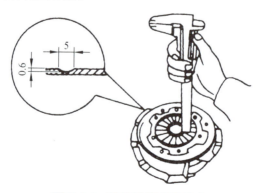

图 1-4-4　膜片弹簧磨损检查

（2）用游标卡尺测量离合器盖两侧铆钉与离合合器从动盘表面之间的深度（≥0.3 mm）。如果不符合要求，应更换离合器摩擦片。

## 四、离合器常见故障原因

离合器常见故障原因见表 1-4-2。

表 1-4-2　离合器常见故障

| 序号 | 故障现象 | 故障原因 |
| --- | --- | --- |
| 1 | 离合器异响：汽车离合器分离或接合时发出不正常的响声 | （1）分离轴承缺油；<br>（2）分离轴承损坏；<br>（3）双盘离合器中压盘与传动销配合间隙过大；<br>（4）从动盘毂键齿与一轴键齿配合间隙过大；<br>（5）从动盘毂铆钉松动 |
| 2 | 离合器分离不彻底：发动机怠速运转时，踩下离合器踏板，挂挡时有齿轮撞击声且难以挂挡；如果勉强挂上挡，则在离合器踏板尚未完全放松时发动机熄火 | （1）离合器踏板自由行程过大；<br>（2）分离杠杆弯曲变形、支座松动、支座轴销脱出，使分离杠杆内端高度难以调整；<br>（3）分离杠杆调整不当，其内端不在同一平面内或内端高度太低；<br>（4）双盘离合器中间压盘限位螺钉调整不当，个别分离弹簧疲劳、高度不足或折断，中间压盘在传动销上或在离合器驱动窗口内轴向移动不灵活；<br>（5）从动盘钢片翘曲、摩擦片破裂或铆钉松动；<br>（6）新换的摩擦片太厚或从动盘正反装错；<br>（7）从动盘花键孔与变速器一轴花键轴传动卡滞；<br>（8）离合器液压操纵机构漏油、有空气或油量不足；<br>（9）膜片弹簧弹力减弱；<br>（10）发动机支承磨损或损坏，发动机与变速器不同心 |
| 3 | 离合器打滑：汽车用低速挡起步时，放松离合器踏板后，汽车不能起步或起步困难；汽车加速行驶时，车速不能随发动机转速的提高而提高，汽车行驶无力，严重时会发出焦煳味或出现冒烟现象 | （1）离合器踏板没有自由行程，使分离轴承压在分离杠杆上；<br>（2）从动盘摩擦片、压盘或飞轮工作面磨损严重，离合器盖与飞轮之间的连接松动，造成压紧力减弱；<br>（3）从动盘摩擦片油污、烧蚀、表面硬化、铆钉外露、表面不平，造成摩擦因数下降；<br>（4）压力弹簧疲劳或折断，膜片弹簧疲劳或开裂，造成压紧力下降；<br>（5）离合器操纵杆系卡滞，分离轴承套筒与导管间油污、尘腻严重，甚至卡滞，造成分离轴承不能回位；<br>（6）分离杠杆弯曲变形，出现运动干涉，不能回位 |

## 【学习过程评价】

学习过程评价见表 1-4-3。

表 1-4-3　学习过程评价表

| 班级 | | 姓名 | | 学号 | | 日期 | 年 月 日 | |
|------|---|------|---|------|---|------|---------|---|
| 序号 | 评价要点 | | | | 配分 | 得分 | 总分 | |
| 1 | 能正确识读和填写工作页，明确学习活动要求 | | | | 10 | | | |
| 2 | 能查阅资料，识别离合器各组成零部件 | | | | 10 | | A（86～100）□ B（76～85）□ C（60～75）□ D（60 以下）□ | |
| 3 | 能查阅资料，写出离合器主要零部件的作用 | | | | 10 | | | |
| 4 | 能按照规范完成离合器的拆装 | | | | 20 | | | |
| 5 | 能按照规范完成离合器的检修 | | | | 10 | | | |
| 6 | 能查阅资料，写出离合器常见故障 | | | | 10 | | | |
| 7 | 能遵守劳动纪律，以积极的态度接受工作任务 | | | | 10 | | | |
| 8 | 能积极参与小组讨论，具有团队合作精神 | | | | 10 | | | |
| 9 | 能及时完成教师布置的任务 | | | | 10 | | | |
| 总　分 | | | | | 100 | | | |
| 小结建议 | | | | | | | | |

# 学习活动五　手动变速器的拆装

## 【学习目标】

（1）能描述手动变速器的组成。
（2）能按照规范拆装手动变速器。

## 【建议学时】

8 学时。

## 【学习要求】

| 序号 | 学习步骤 | 学习内容 | 学时 | 备注 |
|---|---|---|---|---|
| 1 | 手动变速器的组成 | 1. 操纵机构；<br>2. 传动机构 | 1 | |
| 2 | 手动变速器的拆卸 | 1. 手动变速器操纵机构的拆卸；<br>2. 手动变速器传动机构的拆卸 | 3 | |
| 3 | 手动变速器的装配 | 1. 换挡杆的安装；<br>2. 换挡杆支架的安装 | 2 | |
| 4 | 手动变速器常见故障原因 | 1. 手动变速器常见故障现象；<br>2. 手动变速器常见可能故障原因 | 1.5 | |
| 5 | 学习过程评价 | 学习过程评价表 | 0.5 | |

## 【学习过程】

## 一、手动变速器的组成

手动变速器主要由操纵机构和传动机构组成。

### （一）操纵机构

1. 操纵机构的组成

如图 1-5-1 所示，汽车手动变速器操纵机构一般由变速杆、变速叉、变速叉轴、自锁装置（如自锁钢球、自锁弹簧）和互锁装置（如互锁柱销）等组成。

2. 操纵机构主要零部件认知

在表 1-5-1 中列出了手动变速器操纵机构主要零部件的名称及作用。

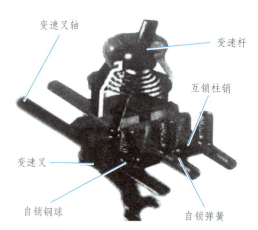

变速叉轴　　　　　　　变速杆

互锁柱销

变速叉

自锁钢球　　　　　　自锁弹簧

变速器操纵机构功用

图 1-5-1　手动变速器操纵机构

表 1-5-1　手动变速器操纵机构主要零部件

| 序号 | 图片 | 名称 | 作用 |
| --- | --- | --- | --- |
| 1 |  | 变速杆 | 驾驶员操纵变速杆可以选择变速器传动挡位 |
| 2 |  | 变速器盖总成（变速叉、变速叉轴、自锁装置和互锁装置） | 用于安装变速叉、变速叉轴、自锁装置和互锁装置等 |

## （二）传动机构

1. 传动机构的组成

汽车手动变速器传动机构一般由变速器壳、输入轴（一轴）、输出轴（二轴）、倒挡轴、齿轮、同步器和接合套等组成。图 1-5-2 所示为手动变速器传动机构。

2. 传动机构主要零部件的认知

在表 1-5-2 中列出了手动变速器传动机构主要零部件的名称及作用。

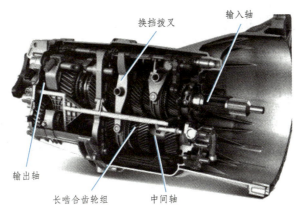

换挡拨叉　　输入轴

输出轴

长啮合齿轮组　　中间轴

图 1-5-2　手动变速器传动机构

表 1-5-2　手动变速器传动机构主要零部件的名称及作用

| 序号 | 图片 | 名称 | 作用 |
|---|---|---|---|
| 1 | | 变速器壳 | 用于安装变速器传动机构及其附件 |
| 2 | | 变速器一轴、二轴及倒挡轴 | 用于安装变速器齿轮并通过齿轮传递转矩 |
| 3 | | 变速器齿轮 | 用于传递正向或反向转矩 |
| 4 | | 同步器、接合套 | 同步器使将要啮合的齿轮转速达到一致，从而顺利啮合；接合套使两个齿轮啮合在一起传递转矩 |

## 二、手动变速器的拆卸

### （一）手动变速器操纵机构的拆卸

分解变速器

**1．换挡杆的拆卸**

拆下换挡手柄，取下防尘罩，取下仪表板。拆下固定在上换挡杆上的弹簧锁圈（注意：锁圈一经拆卸就要更换），取下挡圈和弹簧。拆下换挡杆支架。拆下变速控制器罩壳，使上下换挡杆脱离。

**2．换挡杆支架的拆卸**

取下换挡手柄和防尘罩，拆下锁圈、挡圈和弹簧，拆下换挡杆支架的固定螺栓，取下换挡杆支架。换挡杆支架零件分解如图 1-5-3 所示。换挡杆支架只有在加注润滑油时才需要分解，一旦发现任何零件损坏就要全部更换。

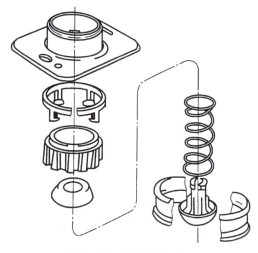

图 1-5-3　换挡杆支架

### （二）手动变速器传动机构的拆卸

**1．拆卸手动变速器后盖**

将手动变速器固定在拆装工具或工作台上。使用套筒拧下手动变速器后盖螺栓，并取下手动变速器后盖及密封圈。

**2．拆卸锁止装置**

（1）用圆柱冲冲出五挡叉锁止弹性销，如图 1-5-4 所示。

（2）使用卡簧钳取下卡环，如图 1-5-5 所示。

（3）向上取出五挡变速叉及同步器，然后取下五挡从动齿轮，如图 1-5-6 所示。

（4）使用工具取下五挡主动齿轮上的卡环，并取下碟形弹性垫圈，再用拉器取下五挡主动齿轮，如图 1-5-7 所示。

图 1-5-4　冲出五挡叉锁止弹性销

卡环

图 1-5-5　取下卡环

同步器　　　　　　　五挡变速叉

五挡从动齿轮

图 1-5-6　取下五挡变速叉、同步器及从动齿轮

碟形弹性垫圈

图 1-5-7　取下五挡碟形弹性垫圈和主动齿轮

3．拆卸轴承锁止片

（1）使用 T 形、花形套筒拧下锁止片螺栓，如图 1-5-8 所示。

（2）用一个大小合适的圆柱冲插入锁止片的螺栓孔中，用另一个圆柱冲向外顶另一端取下锁止片，如图 1-5-9 所示。

图 1-5-8　拧下锁止片螺栓

图 1-5-9　取下锁止片

4．拆卸变速器壳体

（1）逆时针拧下倒挡开关。

（2）用套筒拆卸螺栓。

（3）使用撬杠小心地向上撬，分离变速器壳体与离合器，如图 1-5-10 所示。

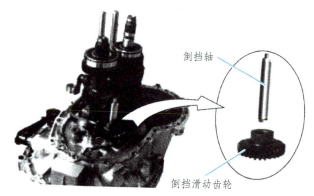

图 1-5-10　分离变速器壳体与离合器

5．拆卸倒挡轴及倒挡齿轮

（1）直接取下倒挡轴。

（2）向外取出倒挡轴及倒挡滑动齿轮如图 1-5-11 所示。

（3）先向下按住倒挡拨叉再向外取下倒挡拨叉销，并取下倒挡拨叉，如图 1-5-12 所示。

6．拆卸变速器齿轮组

（1）先挂入二挡，然后用圆柱冲冲出柱销，如图 1-5-13 所示。

（2）向外取出变速杆轴及支座，如图 1-5-14 所示。

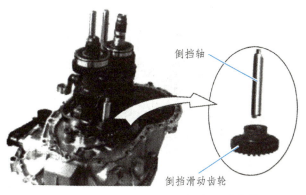

图 1-5-11　取出倒挡轴及倒挡滑动齿轮

图 1-5-12　取下倒挡拨叉

图 1-5-13　冲出柱销

（3）取出一挡、二挡选挡复位。

（4）向外取出连锁装置锁止开关总成，如图 1-5-15 所示。

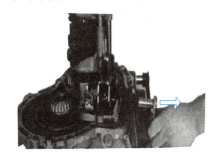

图 1-5-14　取出变速杆轴及支座

图 1-5-15　取出连锁装置锁止开关总成

（5）托住一轴、二轴，连同拨叉向上垂直取出一轴、二轴，如图 1-5-16 所示。

图 1-5-16　取出一轴、二轴

7．拆卸差速器

（1）使用 T 形、花形套筒拧下螺栓，如图 1-5-17 所示。

螺栓

图 1-5-17　拧下差速器螺栓

（2）用两根撬杠向外撬下变速器轴底座。

（3）取出磁体。

（4）向上取出差速器。

（5）取出锁止销和锁止弹簧，如图 1-5-18 所示。

锁止销和锁止弹簧　　　差速器

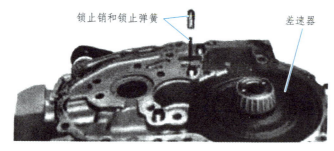

图 1-5-18　取出锁止销和锁止弹簧

## 三、手动变速器的装配

### （一）换挡杆的安装

换挡杆的安装按与拆卸相反的顺序进行，注意以下事项：检查确认所有零件是否完好，更换已经损坏零件；润滑衬套和挡圈；调整上换挡杆；用快干胶固定换挡手柄。

## （二）换挡杆支架的安装

（1）用润滑脂润滑换挡杆支架内的部件，装上换挡杆支架，不用旋紧螺栓，将换挡杆支架上的孔与变速操纵机构罩壳上的孔对准，用 10 N·m 的力矩拧紧螺栓。

（2）装上弹簧挡圈和新的锁圈。

（3）检查各挡的啮合情况。

（4）装上防尘罩和手柄。

组装同步器

## （三）装配注意事项

（1）装配前，必须认真清洗零件，除去污物、毛刺和铁屑等，尤其要确保各润滑油孔畅通。

（2）装配各轴承及键槽时，应用质量优良的润滑油进行预润滑。修理总成时，应更换所有滚针轴承。

（3）不能用硬金属直接锤击零件的工作表面，以防止损坏零部件。

（4）注意同步器锁环或锥环的装配位置。装配过程中，如果有旧件应原位装复。为此，在变速器解体时，应对同步器各元件做好装配记号，以免装错。

（5）组装中间轴和第二轴时，应注意各挡齿轮、同步器花键毂、推力垫圈的方向及位置，以保证齿轮的正确啮合位置。

（6）安装第一轴、第二轴及中间轴的轴承时，只许用压套垂直压在内圈上，禁止施加冲击载荷，轴承内圈圆角较大的一侧必须朝向齿轮。

（7）装入油封前，需在油封的刃口处涂抹少量润滑脂，要垂直压入，并注意安装方向。

（8）变速器装配后，要检查各齿轮的轴向间隙和各齿轮副的啮合间隙及啮合印痕。

（9）装配密封衬垫时，应在密封衬垫的两侧涂抹密封胶，确保密封效果。

（10）安装变速器盖时，各齿轮和拨叉均应处丁空挡位置。必要时，可分别检查各个常用挡的齿轮副是否处于全齿长接合位置。

（11）按规定的力矩拧紧变速器上的全部螺栓。

组装变速器

## 四、手动变速器常见故障原因

表 1-5-3 中列出了汽车手动变速器常见故障可能的故障原因。

表 1-5-3　手动变速器常见故障原因

| 序号 | 故障现象 | 可能故障的原因 |
|---|---|---|
| 1 | 变速器漏油：变速器周围出现齿轮润滑油，变速器齿轮箱的油量减少 | （1）油液加注过多。<br>（2）壳体破裂。<br>（3）密封衬垫变形或损坏。<br>（4）放油螺塞松动或滑扣。<br>（5）加油螺塞松动或滑扣。<br>（6）变速器的通气孔堵塞，使变速器内压力增加、温度升高，造成各密封部位渗漏。<br>（7）变速器盖、轴承盖固定螺钉松动 |

| 序号 | 故障现象 | 可能故障的原因 |
|---|---|---|
| 2 | 变速器异响：变速器工作时发出不正常声响，如金属的干摩擦声、不均匀的碰撞声等 | （1）轴承磨损及损坏。当轴承磨损时，间隙就增大，配合精度就降低；当轴承损坏时，由于轴承不能正常运转便会产生异常声音。<br>（2）变速器外壳螺栓松动。<br>（3）手动变速器中变速杆与变速拨叉凹槽松旷。<br>（4）自动变速器油长期不更换，从而加剧机械零件磨损导致异响。<br>（5）使用劣质自动变速器油，因为劣质变速器油抗温能力差，容易产生氧化，产生油泥和油渣，堵塞滤网和油道，造成自动变速器内部元件摩擦增大，导致车辆出现异响。<br>（6）齿轮啮合间隙正常，变速元件磨损或更换时选用零件精度过低，造成配合间隙过大。<br>（7）装配时齿轮间隙过紧。<br>（8）齿轮齿面金属剥落，齿牙断裂，装配错位。<br>（9）润滑油不足造成润滑不良。<br>（10）变速器进水，没有及时维修，诱发变速器异响问题 |
| 3 | 变速器跳挡：汽车在加速、减速、爬坡或汽车剧烈振动时，变速杆自动跳回空挡位置 | （1）自锁装置的凹槽和钢球磨损严重或自锁弹簧疲劳而折断。<br>（2）换挡拨叉及拨叉轴磨损严重，换挡拨叉与拨叉槽配合间隙过大。<br>（3）换挡拨叉及拨叉轴弯曲变形严重。<br>（4）换挡齿轮、齿圈或齿套，在啮合位置沿齿长方向磨损形成锥形。<br>（5）变速器轴与轴承磨损松旷，壳体变形，啮合齿轮的轴线不平。<br>（6）滑动齿轮与轴的花键磨损严重，配合间隙过大。<br>（7）变速器轴轴向间隙过大 |
| 4 | 变速器乱挡：在离合器技术状况正常的情况下，变速器同时挂上两个挡，或在挂所需要挡位时挂入别的挡位 | （1）互锁装置失效，如拨叉轴、互锁销或互锁钢球磨损严重等。<br>（2）变速杆下端弧形工作面磨损过大或拨叉轴上拨块的凹槽磨损过大。<br>（3）变速杆球头定位销折断或球孔、球头磨损过大造成配合松旷 |

## 【学习过程评价】

学习过程评价见表1-5-4。

表1-5-4 学习过程评价表

| 班级 | | 姓名 | | 学号 | | 日期 | | 年 月 日 |
|---|---|---|---|---|---|---|---|---|
| 序号 | 评价要点 | | | | 配分 | 得分 | | 总分 |
| 1 | 能正确识读和填写工作页，明确学习活动要求 | | | | 10 | | | |
| 2 | 能查阅资料，写出手动变速器的组成及主要零部件的作用 | | | | 10 | | | |
| 3 | 能按照规范拆解手动变速器 | | | | 10 | | | |
| 4 | 能按照规范检修手动变速器主要零件 | | | | 20 | | | A（86～100）□ |
| 5 | 能按照规范装配手动变速器 | | | | 10 | | | B（76～85）□ |
| 6 | 能查阅资料，写出手动变速器常见故障原因 | | | | 10 | | | C（60～75）□ |
| 7 | 能遵守劳动纪律，以积极的态度接受工作任务 | | | | 10 | | | D（60以下）□ |
| 8 | 能积极参与小组讨论，具有团队合作精神 | | | | 10 | | | |
| 9 | 能及时完成教师布置的任务 | | | | 10 | | | |
| 总 分 | | | | | 100 | | | |
| 小结建议 | | | | | | | | |

# 学习活动六　工作总结与评价

## 【学习目标】

（1）能按分组情况分别派代表展示工作成果，说明本次任务的完成情况并进行总结分析。

（2）能结合自身任务完成情况，正确规范地撰写工作总结（心得体会）。

（3）能就本次任务中出现的问题提出改进措施。

（4）能对学习与工作进行反思总结，并能与他人开展良好合作，进行有效沟通。

（5）能按要求正确规范地填写本次学习活动工作页。

## 【建议学时】

2学时。

## 【学习要求】

| 序号 | 学习步骤 | 学习内容 | 学时 | 备注 |
|------|----------|----------|------|------|
| 1 | 展示评价 | 成果展示、评价表填写、自我总结 | 1 | |
| 2 | 教师评价 | 对各组评价、对总体情况进行点评 | 0.5 | |
| 3 | 综合评价 | 综合评价表填写 | 0.5 | |

## 【学习过程】

### 一、展示评价

（1）以小组为单位、撰写培训总结，并选用适当的表达方式向学员展示、汇报学习成果。

（2）评价，完成表1-6-1。

表1-6-1　学习总结评分表

| 评价指标 | 评分标准 | 所占分数 | 评价方式及得分 | | |
|----------|----------|----------|----------------|----------------|----------------|
| | | | 自我评价（10%） | 小组评价（20%） | 教师评价（70%） |
| 参与度 | 小组成员能积极参与活动 | 5 | | | |
| 团队合作 | 小组成员分工明确、合理，遇事不推诿，协作性好 | 20 | | | |
| 规范性 | 总结格式符合规范 | 15 | | | |
| 总结内容 | 内容真实、针对存在问题有反思和改进措施 | 20 | | | |

| 评价指标 | 评分标准 | 所占分数 | 评价方式及得分 | | |
|---|---|---|---|---|---|
| | | | 自我评价（10%） | 小组评价（20%） | 教师评价（70%） |
| 总结质量 | 对完成学习任务的情况有一定的分析和概括能力 | 20 | | | |
| | 结构严谨、层次分明、条理清晰、表达准确 | 15 | | | |
| | 能简明扼要地阐述总结的主要内容，能准确流利地表达 | 5 | | | |
| 得分 | | | | | |
| 学生姓名 | | 评价教师 | | 总分 | |

## 二、教师对展示的作品评价

（1）找出各组优点点评。

（2）对任务完成过程中各组的缺点进行点评，提出改进方法。

（3）对整个任务完成中出现的亮点和不足进行点评。

## 三、学习任务综合评价

学习任务综合评价见表1-6-2。

表 1-6-2　学习任务综合评价

| 序号 | 学习活动 | 得分 |
|---|---|---|
| 1 | 学习活动一 | |
| 2 | 学习活动二 | |
| 3 | 学习活动三 | |
| 4 | 学习活动四 | |
| 5 | 学习活动五 | |
| 综合得分 | | |
| 学生姓名 | 评价教师 | 评价日期 |

# 学习任务二　汽车行驶抖动故障检修

## 【学习目标】

（1）能独立阅读维修工单，明确汽车行驶抖动故障原因。

（2）能根据车型查阅相关资料，制订汽车行驶抖动故障检修作业流程，明确技术要求。

（3）能根据汽车行驶抖动故障检修流程和要求，做好作业准备。

（4）能依据操作规程对车轮、轮胎进行检查与更换，悬架检查，车轮动平衡、四轮定位检查与调整等。

（5）能按检验要求对汽车行驶抖动故障检修进行质量检验。

（6）能按作业流程和车间要求，进行维修小结。

（7）能主动获取有效信息，展示工作成果，对学习与工作进行反思总结，并能与他人开展良好合作，进行有效沟通；操作过程遵守 6S 管理制度。

## 【建议学时】

36 学时。

## 【任务情境描述】

一辆行驶 80 000 km 的小汽车，行驶中出现车身抖动的现象。进店检查后，经维修工判断可能为行驶系统故障，需要对其进行检修。

学习活动及课时分配表

| 序号 | 学习活动 | 学时安排 | 备注 |
|:---:|:---:|:---:|:---:|
| 1 | 接受任务，明确任务要求 | 8 | |
| 2 | 作业准备 | 4 | |
| 3 | 作业实施 | 20 | |
| 4 | 工作总结与评价 | 4 | |

# 学习活动一　行驶系统认知

## 【学习目标】

（1）能独立阅读维修工单，明确维修工单内容。
（2）明确行驶系统的组成和工作原理。

## 【建议学时】

8学时。

## 【学习要求】

| 序号 | 学习步骤 | 学习内容 | 学时 | 备注 |
|---|---|---|---|---|
| 1 | 识读维修工单 | 维修工单内容 | 1.5 | |
| 2 | 行驶系统认知 | 1. 行驶系统的作用；<br>2. 行驶系统的结构组成 | 6 | |
| 3 | 学习过程评价 | 学习过程评价表 | 0.5 | |

## 【学习过程】

### 一、阅读维修工单，明确作业任务

维修工单见表 2-1-1。

表 2-1-1　维修工单

来店时间：_____年____月____日____时　　　　交车时间：_____月_____日_____时

| 顾客姓名 | | 车牌号 | | 车型 | | 车辆颜色 | |
|---|---|---|---|---|---|---|---|
| 顾客电话 | | 行驶里程 | | VIN 号 | | | |
| 维修项目 | | | | | | | |
| _____km 常规保养□　　一般维修□　　事故车□　　洗车□　　其他□ | | | | | | | |
| 维修项目 | 配件 | 工时 | 合计 | 维修项目 | 配件 | 工时 | 合计 |
| 1. | | | | 6. | | | |
| 2. | | | | 7. | | | |
| 3. | | | | 8. | | | |
| 4. | | | | 9. | | | |
| 5. | | | | 合计： | | | |

| 故障描述及诊断结果 |
| --- |
|  |

| 保养项目 | | 旧件 | | 环车检查 | |
| --- | --- | --- | --- | --- | --- |
| 机油 | | 带走□　　不带走□ | | 外观检查（有损坏处圈出） | |
| 机滤 | | | | | |
| 空滤 | | | | | |
| 汽滤 | | 油量显示（用→标记） | | | |
| 空调滤 | | | | | |
| 火花塞 | | FULL | | | |
| 变速箱油 | | | | | |
| 转向油 | | | | | |
| 防冻液 | | | | | |
| 制动油 | | | | | |
| 全车皮带 | | EMPTY | | | |
| 润滑清洗 | | | | | |
| 进气燃油 | | | | | |
| 空调杀菌 | | 灯光检测 | 轮胎检测 | 制动检测 | 底盘检测 |
| 接车人签字： | | | 顾客签字： | | |

**想一想**　请根据情景描述，回答相关问题：

产生汽车行驶抖动的有原因哪些？

**小提示**　可查阅《维修手册》。

## 二、行驶系统

### （一）行驶系统的作用

行驶系统（见图 2-1-1）的作用是接受传动轴的动力，通过驱动轮与路面的作用产生牵引力，使汽车正常行驶，承受汽车的总重量和地面的反力，缓和不平路面对车身造成的冲击，衰减汽车行驶中的振动，保持行驶的平顺性。与转向系统配合，保证汽车操纵稳定性。

汽车行驶
系统功能

图 2-1-1　行驶系统

## （二）行驶系统的主要组成部件

行驶系统由车架、车桥、车轮和悬架四部分组成，如图 2-1-2 所示。车轮支承着车桥；车桥又通过弹性悬架与车架相连接；车架是整个汽车的基体，将汽车的各个相关总成连接成一个整体，构成汽车的装配基础。

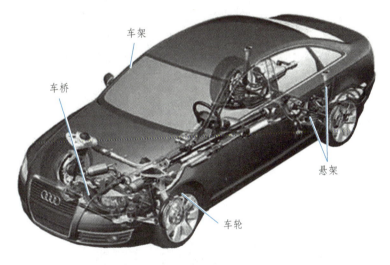

图 2-1-2　行驶系统的组成

### 1．车　架

车架的功用是安装汽车的各总成和部件，并使它们保持正确的相对位置，承受来自车上和地面的各种静、动载荷，包括车身自身零部件的重量和行驶时所受的冲击、扭曲、惯性力等。现有的车架种类有边梁式车架（见图2-1-3）、中梁式、综合式车架（中梁式与综合式车架由于造价成本，技术难度等方面原因应用很少）、无梁式车架（见图 2-1-4）等。车身分为承载式与非承载式车身。

车架的功能

车辆在通过越野路段时车架会受到各种应力，其中就包括轴向扭力。而边梁式车架可以更好地应对这种应力。

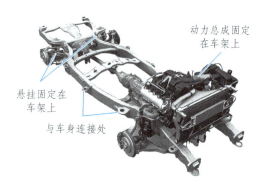

动力总成固定在车架上

悬挂固定在车架上

与车身连接处

图 2-1-3　边梁式车架（非承载式车身）

图 2-1-4　无梁式车架（承载式车身）

非承载式车身的主要特征是，车身下面有足够强度和刚度的独立车架，车身由壳体与底架组合而成，大部分载荷几乎全部由车架所承受，车身壳体不承载或只在很小程度上承受由车底架弯曲或扭曲变形所引起的部分载荷。当车身发生较大损伤时，可以拆开分别修理和矫正。相当一部分类型的客车、载货汽车皮卡和硬派越野车均采用承载式车身结构。

承载式车身的一个突出特征是没有独立的车架，车身是承担全部载荷的刚性壳体，由于底盘各部件直接装配在车身上，所承受的载荷包括质量、驱动力、制动力以及来自不同方向的冲击、振动等。承载式车身有利于减轻自重并使结构优化。

**想一想**　说出非承载式车身的优点。

**2．车桥（副车架）**

车桥（副车架）位于悬架与车轮之间，其两端安装车轮，通过悬架与车架（或车身）相连（见图 2-1-5），其功用是传递车架（或车身）与车轮之间的各种力矩作用。

悬架

车桥

图 2-1-5

根据悬架结构的不同，车桥分为整体式和断开式两种。

整体式车桥：当采用非独立悬架时，车桥的中部是实心或空心的中心梁，这种车桥即为整体式车桥，如图2-1-6所示。

图 2-1-6　整体式车桥

断开式车桥：其两端的车轮中间连接的是关节式结构，分别通过悬架连接在车架的下方，可以实现相对运动，如图2-1-7所示。

图 2-1-7　断开式车桥

根据车桥的作用不同，车桥可分为转向桥、驱动桥、支持桥和转向驱动桥四种。其中转向桥和支持桥都属于从动桥。汽车采用前置后驱动（FR），因此前桥作为转向桥，后桥作为驱动桥（见图2-1-8）；而大多数汽车采用前置前驱动（FF）因此前桥成为转向驱动桥，后桥充当支持桥（见图2-1-9）。

驱动桥

转向桥

图 2-1-8　前转向桥及后驱动桥

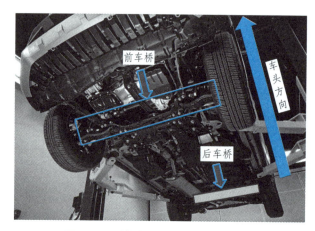

图 2-1-9　前转向驱动桥、后支持桥

驱动桥内容参考传动系统驱动桥，转向桥部分属于行驶系统，也属于转向系统。现代汽车前桥多采用断开式转向驱动桥。

### 3．车　轮

车轮是介于轮胎和车桥之间承受负荷的旋转组件，由轮毂、轮辐（轮盘）、轮辋和轮胎组成，如图 2-1-10 所示。

轮辋　　　　轮辐　　　轮毂

图 2-1-10　车轮

按轮辐的构造，车轮可分为辐板式车轮和辐条式车轮，如图 2-1-11 所示。
按车轮材质，车轮可分为钢质、铝合金、镁合金等车轮。

（1）轮胎的主要作用。

轮辋类型

轮胎用于支持车辆的全部重量，承受汽车的负荷，并传递其他方向的力和力矩；传送牵引和制动的力，保证车轮和路面之间有良好的附着性，以提高汽车的动力性、制动性和通过性；与汽车悬架共同缓和汽车行驶时所受到的冲击，并衰减由此而产生的振动；防止汽车零部件受到剧烈振动和早期损坏，适应车辆的高速性能并降低行驶时的噪声，保证行驶的安全性、操纵稳定性、舒适性和节能经济性，如图 2-1-12 所示。

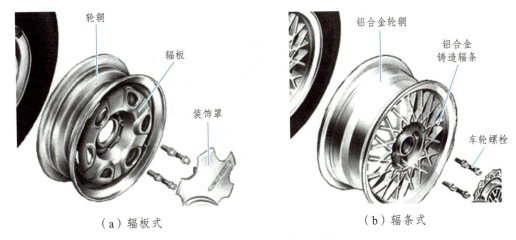

（a）辐板式　　　　　　　　　（b）辐条式

图 2-1-11　按轮辐构造分类

图 2-1-12　轮胎的功用

（2）轮胎的主要结构，如图 2-1-13 所示。

① 胎面。

胎面是轮胎与地面直接接触的部位，因应道路状况及不同需求，选定不同形状的花纹。它具有保护胎体的作用，也是轮胎使用损耗最多的部位。

② 胎边。

胎边虽未与地面直接接触，但却具有吸收路面冲击力及振动的功能，而轮胎的规格型号、制造周期等详细参数，均标示在这一部位。

③ 胎体帘布层。

它是轮胎的骨架，用来承受轮胎的荷重压力、内部的胎压及横向的剪应力等。它由多层的帘布（人造纤维＋胶料）或钢丝组合而成。

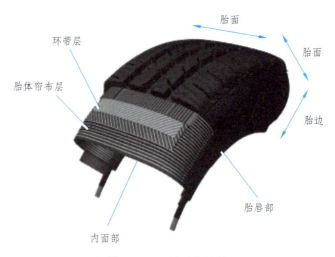

图 2-1-13　轮胎的结构

④ 胎唇部。

胎唇部是轮胎外缘与轮圈接触的部位，内置高张力的集束钢丝，紧密地将轮胎固定于轮圈。

⑤ 内面部。

无内胎的轮胎，内面部有一层气密胶，防止高压气体泄漏。当轮胎上有微小破洞时，仍可以将气体泄漏量降至最低。

⑥ 环带层。

环带层是辐射层轮胎特有的结构，它位于胎面与胎体间，缠绕包束住胎体，具有高张力的特性，以补强胎面强度，并缓和路面的冲击力。

轮胎规格型号，如图 2-1-14 所示。

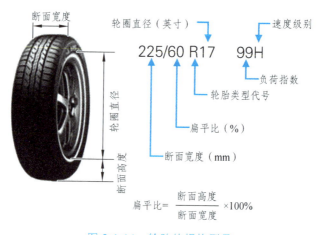

$$扁平比 = \frac{断面高度}{断面宽度} \times 100\%$$

图 2-1-14　轮胎的规格型号

225——轮胎宽度为 225 mm。

60——轮胎扁平比，即横断面高宽比，高度是宽度的 60%。

R——该轮胎为子午胎（这条胎里层为辐射源胎生产制造方法）。

17——轮圈外径是 17 英寸（1 英寸 ≈ 25.4 mm）。

## 4. 悬　架

悬架，也称之为悬挂系统（见图2-1-15），是车身框架和车桥之间的传力连接装置，其作用是传递在车轮和车架（或车身）之间的一切力和力矩，且缓和由不平路面传给车架（车身）的冲击载荷，衰弱由此引起的承载系统的振动，以保证汽车平顺行驶。

悬架的功能

图 2-1-15　悬架

悬架分为独立悬架与非独立悬架两大类。

独立悬挂系统是每一侧的车轮都是单独地通过弹性悬挂系统悬挂在车架或车身下面的。当一侧车轮受到冲击时，不会直接影响到另一侧车轮。其优点是：减少了车身受到的冲击，并提高了车轮的地面附着力；可用刚度小的较软弹簧来改善汽车的舒适性；可以提高汽车的行驶稳定性；左右车轮单独跳动，互不干扰，能减小车身的倾斜和振动，如图2-1-16所示。

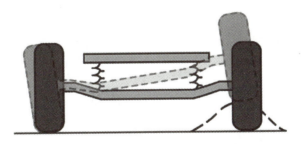

（a）非独立悬架（一侧车轮受到力直接影响另一侧）

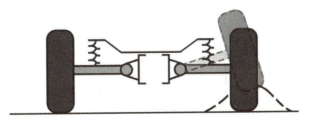

（b）独立悬架（一侧车轮受力不影响另一侧车轮）

图 2-1-16　独立悬架和非独立悬架

（1）悬架的组成。

典型的悬架结构是由弹性元件、导向机构、减振器和横向稳定杆等组成的。

弹性元件的作用是承受并传递垂直负荷，缓和汽车在不平坦道路上行驶时所引起的冲击。常见的弹性元件有钢板弹簧（见图2-1-17）、螺旋弹簧（见图2-1-18）。

图 2-1-17　钢板弹簧　　　　　　　　　图 2-1-18　螺旋弹簧

导向机构（导向装置）的作用是传递纵向力矩、侧向力和由此而产生的力矩，并保证车轮相对于车架或车身有一定的运动规律，如图2-1-19所示。控制臂、拉杆等都属于导向机构。

图 2-1-19　导向机构

减振器的作用是抑制弹簧在吸收冲击力后回弹时产生的振荡。减振器内部液压油在流通经过阀孔时产生阻尼，吸收弹簧振动，如图2-1-20所示。

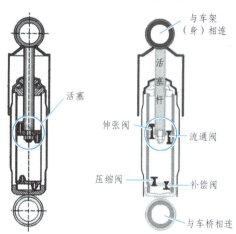

图 2-1-20　避振筒内部构造

（2）独立悬架种类。

独立悬架分为麦弗逊式、双叉臂式、多连杆式。

① 麦弗逊式独立悬架是比较常见的前悬架形式（见图2-1-21和图2-1-22），在一些资料中出现的弹性支柱悬架、减振支柱悬架实际上说的都是麦弗逊式独立悬架。它具有结构紧凑、集成度高的优点，因此占用的空间更小，这也是为什么它会被广泛应用在前悬架的原因之一。使用麦弗逊式独立悬架，在车身宽度相同的情况下，发动机舱空间可以更大，便于布置机械部分，车头吸能区域设计更自由，乘员舱空间表现更好。

当然，麦弗逊式独立悬架的缺点同样显而易见，受制于结构，它横向刚性较差，对车辆俯仰（也就是常说的点头现象），以及扭矩转向抑制不足。

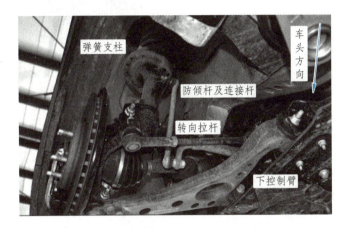

图 2-1-21　麦弗逊式独立悬架外观

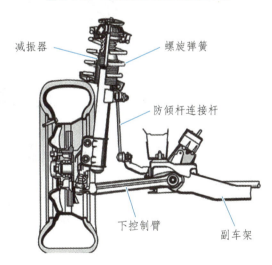

图 2-1-22　麦弗逊式独立悬架的结构示意

注：采用麦弗逊式独立悬架的车辆车轮沿摆动的主销轴线运动，转向拉杆与转向节相连，主销轴线为上下铰链中心的连线。当车轮上下跳动时，主销轴线角度是变化的，从图中可以明显看到，麦弗逊式独立悬架结构比较简单，对车身俯仰与侧向支撑较弱。

**试一试**　根据图2-1-21和图2-1-22填写图2-1-23中的部件名称。

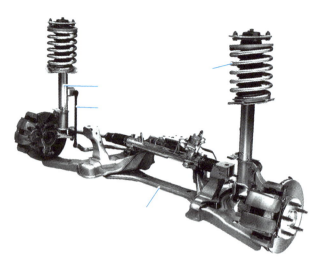

图 2-1-23　麦弗逊式独立悬架的结构

② 双叉臂式悬架又包括双 A 臂、双横臂式悬挂。它的结构为在麦弗逊式悬挂基础上又多加一支叉臂。车轮上部叉臂与车身相连，车轮的横向力和纵向力都是由叉臂承受，这时的减振机构的作用是只负责支撑车体和减振，如图 2-1-24 所示。

双叉臂式悬架具有横向刚度大、抗侧倾性能优异、抓地性能好、路感清晰等优点；又有制造成本高、悬架定位参数设定复杂等缺点。运动型轿车、超级跑车以及高档 SUV 前后悬架都适用以上悬挂结构。

双叉臂式悬架比麦弗逊式悬架多了一个上摇臂，需要占用较大的空间，而且定位参数较难确定，因此小型轿车的前桥局限于空间和成本考虑较少采用这种悬挂。

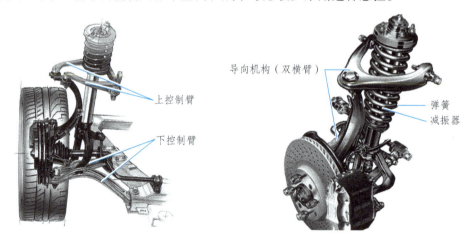

图 2-1-24　双叉臂悬架

**试一试**　填写图 2-1-25 中部件的名称。

③ 多连杆。

目前，将三连杆及三连杆以上的悬架称之为多连杆式独立悬架。凡是对车轮起导向作用，限制车轮自由度的杆件，都计入多连杆的数量中。也就是说纵臂、斜臂、转向拉杆都计入连杆数量。五连杆式独立悬架，如图 2-1-26 所示。

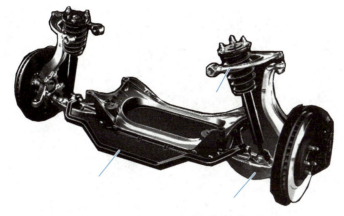

图 2-1-25 双叉臂悬架结构

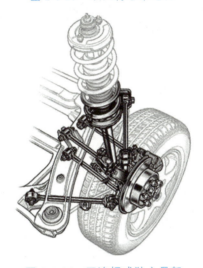

图 2-1-26 五连杆式独立悬架

注：五链杆式独立悬架，留给工程师设计自由度大，同时具有簧下质量小，便于在驱动桥布置等优点，不过其成本高、调校难、零部件数量多。

大部分经济型汽车采用的后多连杆独立悬架，如图 2-1-27 所示。

（3）半独立悬架（扭力梁悬架）。

扭力梁式悬架也称为扭力梁式非独立悬架，是汽车后悬挂装置类型的一种（见图 2-1-28），用以减小车辆的摇晃，保持车辆的平稳。在扭力梁式悬架的结构中，两个车轮之间没有硬轴直接相连，而是通过一根扭力梁进行连接，扭力梁可以在一定范围内扭转。但如果一个车轮遇到非平整路面时，扭力梁仍然会对另一侧车轮产生一定的干涉。严格上说，扭力梁式悬挂属于半独立悬架。

别克威朗型小汽车采用瓦特连杆加强扭力梁，如图 2-1-29 所示。

图 2-1-27　后多连杆独立悬架

图 2-1-28　扭力梁悬架

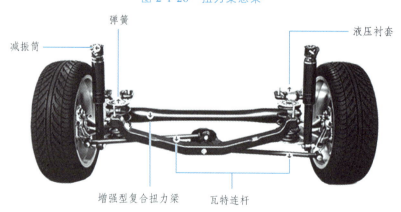

图 2-1-29　威朗后悬架

注：在影响操控的后悬架中，威朗采用了扭力梁配备最新设计的瓦特连杆。这样的组合既拥有扭力梁悬挂节约空间、高强度的优点，同时也实现增加其极限操控的表现。

# 三、四轮定位

由于汽车轮胎、转向机构和前后车轴之间的安装应具有一定的角度和相对位置，校正底盘轮胎部件之间的角度和位置，就是四轮定位。

轿车的转向车轮、转向节和前轴三者之间的安装具有一定的相对位置，这种具有一定相对位置的安装叫作转向车轮定位，也称为前轮定位。前轮定位包括主销后倾（角）、主销内倾（角）、前轮外倾（角）和前轮前束四个内容。

对两个后轮来说也同样存在与后轴之间安装的相对位置，称为后轮定位。后轮定位包括车轮外倾（角）和调整后轮前束。前轮定位和后轮定位总起来说就是四轮定位。

四轮定位作用是保持汽车直线行驶的稳定性，保证汽车转弯时转向轻便，且使转向轮自动回正，减少轮胎的磨损等。

主销（Kingpin）是指前轮转向所围绕的转向的虚拟的轴心。一般麦弗逊车型主销就是塔顶和下球头的连线，而双摇臂和直桥式的就是上下球头的连线。

主销后倾角（见图 2-1-30）可提高直线行驶性能，增大主销后倾角纵倾移距也增大。主销纵倾移距过大，会使转向盘沉重，而且由于路面干扰而加剧车轮的前后颠簸。

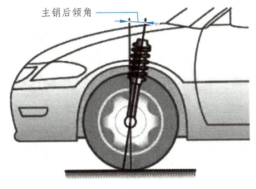

图 2-1-30　主销后倾角

主销内倾角是由车辆前方观察，转向轴线与铅垂线所成的夹角，如图 2-1-31 所示。主销内倾角对绝大多数的车辆来说都是不可调整的。

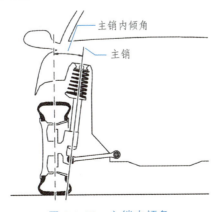

图 2-1-31　主销内倾角

车轮外倾角是指车轮在安装后，其端面向外倾斜，即车轮所处平面和纵向垂直平面间的夹角。轮胎呈现"八"字形张开时称为负外倾［见图2-1-32（a）］，而呈现"V"字形张开时称正外倾［见图2-1-32（b）］。

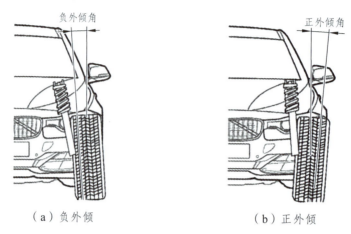

（a）负外倾　　　　　　　　　　　　（b）正外倾

图 2-1-32　车轮外倾角

车轮外倾角可以提高车轮在行驶时的安全性，使得汽车在转向的时候更加轻便。

车轮前束是从车的正上方看，车轮的前端和车辆从线的夹角。车轮前端向内侧倾斜（内八字），称为正前束；车轮前端向外倾（外八字），称为负前束，如图2-1-33所示。

前束角的作用在于补偿轮胎因外倾角及路面阻力所导致向内或向外滚动的趋势，确保汽车的直进性。

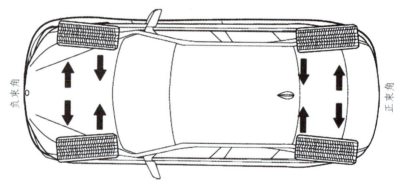

图 2-1-33　车轮前束

更换拆装过车桥，出现行驶缺陷，车子跑偏、转向盘不回正，以及车辆发生事故碰撞，事故车维修之后都需要四轮定位。

【实施活动】

在教师指导下，按要求独立完成行驶系统检修步骤流程制定。


【学习过程评价】

学习过程评价见表2-1-2。

表 2-1-2　学习过程评价表

| 完成日期 | | | 工时 | | 总耗时 | | |
|---|---|---|---|---|---|---|---|
| 任务环节 | 评分标准 | | | 所占分数 | 考核情况 | 扣分 | 得分 |
| 接受任务，明确任务要求 | 1. 为完成本次活动是否做好课前准备（充分 5 分，一般 3 分，没有准备 0 分）；<br>2. 本次活动完成情况（好 10 分，一般 6 分，不好 3 分）；<br>3. 完成任务是否积极主动，并有收获（是 5 分，积极但没收获 3 分，不积极但有收获 1 分） | | | 20 | 自我评价 | | 学生签名 |
| | 1. 准时参加各项任务（5 分，迟到者扣 2 分）；<br>2. 积极参与本次任务的讨论（10 分）；<br>3. 为本次任务的完成，提出了自己独到的见解（5 分）；<br>4. 团结、协作性强（5 分）；<br>5. 超时扣 5~10 分 | | | 30 | 小组评价 | | 组长签名 |
| | 1. 劳保用品穿戴不规范，一处扣 5 分；<br>2. 表达能力（5 分）；<br>3. 协作精神（5 分）；<br>4. 纪律观念（5 分）；<br>5. 工作态度（5 分）；<br>6. 工作页填写（10 分）；<br>7. 实施活动（20 分） | | | 50 | 教师评价 | | 教师签名 |
| 总分 | | | | | | | |

# 学习活动二　行驶系统检修作业准备

## 【学习目标】

（1）能根据汽车行驶抖动故障检修作业流程准备工量器具。
（2）能使用轮胎拆装机、车轮动平衡机等专用工具。

## 【建议学时】

4学时。

## 【学习要求】

| 序号 | 学习步骤 | 学习内容 | 学时 | 备注 |
|------|----------|----------|------|------|
| 1 | 工具和检查设备准备 | 通用工具、轮胎拆装机、车轮动平衡机等 | 1.5 | |
| 2 | 车辆信息登记 | 填写维修工单 | 2 | |
| 3 | 学习过程评价 | 学习过程评价表 | 0.5 | |

## 【学习过程】

## 一、工具和检查设备准备

（1）参考PDI检查。
（2）轮胎拆装机、车轮动平衡机（见图2-2-1）。

（a）轮胎拆装机　　　　　　　　（b）车轮动平衡机

图 2-2-1　轮胎拆装及动平衡设备

## 二、车辆信息登记

参考 PDI 检查。

### 【学习过程评价】

学习过程评价见表 2-2-1。

表 2-2-1　学习过程评价表

| 班级 | | 姓名 | | 学号 | | 日期 | 年　月　日 |
|---|---|---|---|---|---|---|---|
| 序号 | 评价要点 | | | | 配分 | 得分 | 总评 |
| 1 | 能正确识读和填写工作页，明确学习活动要求 | | | | 10 | | |
| 2 | 能查阅资料，准备好轮胎拆装机 | | | | 30 | | A（86~100）☐ |
| 3 | 能查阅资料，准备好车轮动平衡机 | | | | 30 | | B（76~85）☐ |
| 4 | 能遵守劳动纪律，以积极的态度接受工作任务 | | | | 10 | | C（60~75）☐ |
| 5 | 能积极参与小组讨论，具有团队合作精神 | | | | 10 | | D（60以下）☐ |
| 6 | 能及时完成教师布置的任务 | | | | 10 | | |
| 总分 | | | | | 100 | | |
| 小结建议 | | | | | | | |

# 学习活动三　行驶系统检修作业实施

## 【学习目标】

能根据技术标准完成汽车行驶抖动故障检修。

## 【建议学时】

20 学时。

## 【学习要求】

| 序号 | 学习步骤 | 学习内容 | 学时 | 备注 |
|---|---|---|---|---|
| 1 | 轮胎的检查与更换 | 1. 轮胎外观的检查；<br>2. 车轮、轮胎的更换 | 3.5 | |
| 2 | 车轮动平衡 | 1. 车轮动平衡准备；<br>2. 车轮动平衡测试；<br>3. 车轮动平衡校正 | 6 | |
| 3 | 悬架的检查 | 1 减振器检查；<br>2. 控制臂检查 | 4 | |
| 4 | 车辆四轮定位 | 1. 四轮定位准备；<br>2. 四轮定位操作；<br>3. 四轮定位调整 | 6 | |
| 5 | 学习过程评价 | 学习过程评价表 | 0.5 | |

## 【学习过程】

## 一、轮胎的检查与更换

### （一）外观检查

检查轮胎

花纹深度高于警戒刻度，胎面和胎侧无鼓包，如图 2-3-1 所示。

轮胎鼓包

图 2-3-1　轮胎缺陷

## （二）轮胎的更换

（1）首先应清除扒胎机上及附近妨碍作业的器具及杂物，并检查机器各部是否正常，如图 2-3-2 所示。

图 2-3-2　扒胎机检查

拆卸轮胎

（2）先将轮胎内的气完全放净，去掉车轮上旧的平衡块，如图 2-3-3 所示。

图 2-3-3　轮胎放气、去平衡块

（3）将轮胎放到轮胎压胎铲处位置，压胎铲距轮辋边缘大约 10 mm，踩下压胎铲踏板；压迫轮胎使之与钢圈彻底分离。挤压过程中应防止手、脚深入挤压臂内，如图 2-3-4 所示。注意：操作此步骤前一定要给轮胎放气，并且轮胎需对角、正反压胎。

图 2-3-4　轮胎与钢圈分离

（4）将轮胎搬上拆装台，此时应避免磕碰设备。轮胎摆放好后踩下踏板撑牢（或卡紧）钢圈，不允许用手指探查钢圈是否放正，如图 2-3-5 所示。

图 2-3-5　卡紧轮胎

（5）安装拆装鸟头，注意紧固及鸟头离钢圈的位置（最佳位置为 0.3 cm），调整好后紧固，如图 2-3-6 所示。

图 2-3-6　安装拆装鸟头

（6）拆装轮胎过程中，用撬棍将轮胎边挑到鸟头上时，注意撬棍的用力方向和力度，绝不允许将手伸入撬开的缝隙中，如图2-3-7和图2-3-8所示。

图 2-3-7　挑起轮胎边（一）

图 2-3-8　挑起轮胎边（二）

（7）这时踩下转动踏板使扒胎机工作台顺时针旋转，即可拆下轮胎外侧，如图 2-3-9所示。

图 2-3-9　拆装轮胎外侧

（8）用同样的方法可将内侧的轮胎拆下，如图2-3-10所示。

图 2-3-10　拆下轮胎内侧

（9）将轮胎扒出钢圈，如图 2-3-11 所示。

图 2-3-11　轮胎扒出钢圈

（10）在新轮胎胎圈内刷上润滑脂，如图 2-3-12 所示。

图 2-3-12　胎圈内刷润滑脂

安装轮胎

（11）将新轮胎放上轮胎拆装机，固定好鸟头，如图 2-3-13 所示。

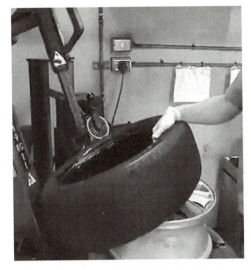

图 2-3-13  安装新轮胎（一）

（12）将轮胎摆放至鸟尾上方，鸟头下方，如图 2-3-14 所示。

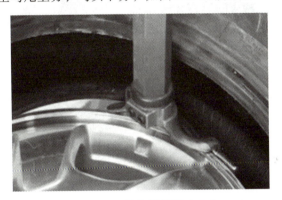

图 2-3-14  安装新轮胎（二）

（13）旋转工作台，使轮胎内侧安装到轮辋上，如图 2-3-15 所示。

图 2-3-15  安装新轮胎（三）

（14）使用撬棍或辅助臂按压轮胎外侧，使轮胎在鸟尾上方，鸟头下方，如图 2-3-16 所示。

图 2-3-16　安装新轮胎（四）

（15）旋转工作台，安装轮胎外侧，如图 2-3-17 所示。

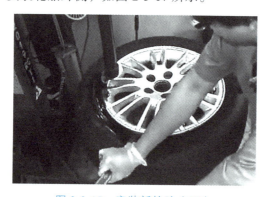

图 2-3-17　安装新轮胎（五）

（16）将轮胎充气至标准胎压，如图 2-3-18 所示。

图 2-3-18　轮胎充气

## 二、车轮动平衡

（1）清除车轮上旧平衡块（见图 2-3-19），充气至标准胎压（见图 2-3-20）；检查轮胎花纹槽内大石子等杂物；如有，使用工具清理。注意：旧平衡块、石子等杂物会影响动平衡数据。

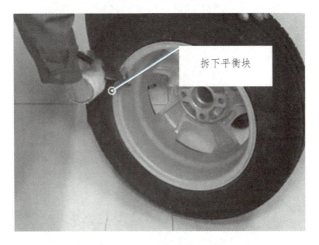

车轮动平衡

图 2-3-19　拆下平衡块

图 2-3-20　补充胎压至标准值

（2）选择合适锥体，安装在平衡机丝杆上，如图 2-3-21 和图 2-3-22 所示。

图 2-3-21　选择锥体

图 2-3-22　安装锥体

（3）安装车轮，并使用快速螺母锁紧车轮，如图 2-3-23 所示。

图 2-3-23　安装车轮到动平衡机上

（4）选择平衡块粘贴模式，并检查动平衡机指示装置是否正确，如图 2-3-24 所示。注意：平衡块分为挂钩式与粘贴式，不同平衡块选择不同的动平衡模式。

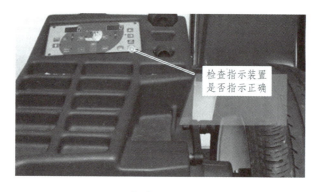

检查指示装置是否指示正确

图 2-3-24　检查动平衡机指示装置

（5）抽出平衡机标尺，测量机箱到轮辋距离，如图2-3-25所示。

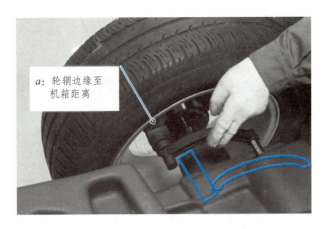

图 2-3-25　测量机箱到轮辋距离

（6）使用平衡机上卡尺测量轮辋宽度并输入，如图2-3-26所示。

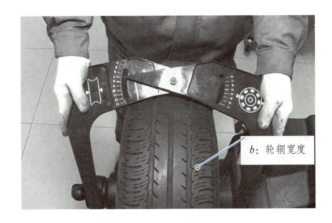

图 2-3-26　测量轮辋宽度

（7）读取轮胎内径或使用平衡机上卡尺测量轮辋直径并输入，如图2-3-27所示。

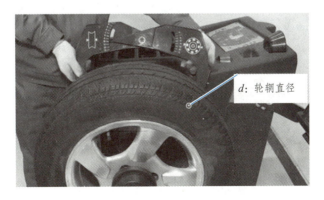

图 2-3-27　测量轮辋直径

（8）确认 $a$、$b$、$d$ 参数，测试车轮动平衡，如图2-3-28所示。

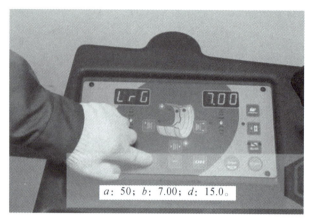

a：50；b：7.00；d：15.0。

图 2-3-28 测试动平衡

（9）根据显示区指示，确认内外侧不平衡数，如图2-3-29所示。

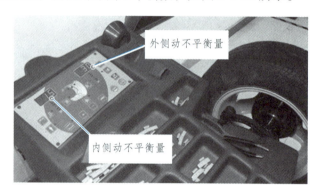

外侧动不平衡量

内侧动不平衡量

图 2-3-29 确认不平衡数

（10）转动车轮根据动平衡机提示，确认不动平衡位置。在12点位置安装平衡块，如图2-3-30所示。

12点钟位置安装
对应平衡块

图 2-3-30 安装外侧平衡块

（11）安装内侧平衡块，如图2-3-31所示。

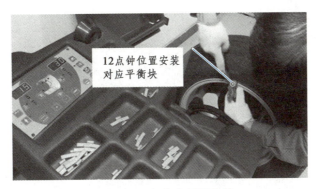

图 2-3-31　安装内侧平衡块

（12）再次测试动平衡参数，数值在 5 以内，表示动平衡完成。

## 三、悬架的检查

（1）悬架检查部位主要有减振器，控制臂球头、连接衬套等，如图 2-3-32 所示。

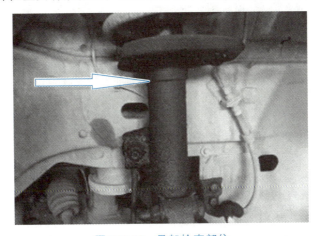

拆卸下摆臂总成

图 2-3-32　悬架检查部位

（2）检查控制臂连接情况，如图 2-3-33 所示。

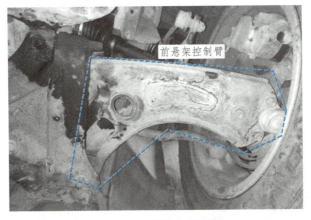

图 2-3-33　前悬架控制臂

（3）填写图2-3-34中画圈位置名称：_____、_____、_____。

图 2-3-34　前悬架组成

（4）图2-3-35中控制臂球头属于：正常□不正常□

维修建议_____

控制臂球头

图 2-3-35　控制臂球头

（5）使用工具检查连接衬套情况，如图2-3-36所示。

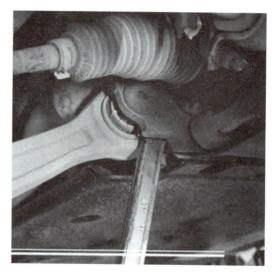

图 2-3-36　检查连接衬套

安装下摆臂总成

074

## 四、车辆四轮定位

### （一）准备工作

（1）检查四轮定位仪，将前转角盘、后滑动板插销插接到位，如图 2-3-37 和图 2-3-38 所示。

图 2-3-37　插接前转角盘插销

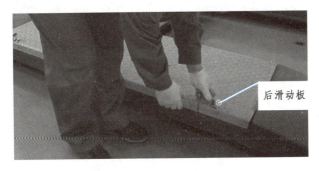

图 2-3-38　插接后滑动板插销

（2）将车辆停上举升机，前轮位置在转角盘中央，如图 2-3-39 所示。

图 2-3-39　车辆停上举升机

（3）关闭发动机，拉起驻车制动器。在后轮前后 40 cm 处放置挡块，如图 2-3-40 所示。

图 2-3-40    放置挡块

（4）点击四轮定位程序图标，如图 2-3-41 所示。

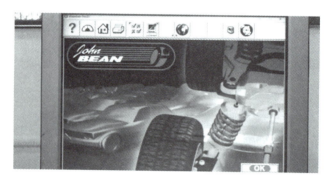

图 2-3-41    启动四轮定位程序

（5）举升车辆至适合高度（大约 1 m），如图 2-3-42 所示。

图 2-3-42    举升车辆

（6）将目标盘光斑朝前安装在四轮轮辋上，如图 2-3-43 和图 2-3-44 所示。注意：目标盘有前后之分。

图 2-3-43　安装目标盘（一）

将大、小目标盘分别安装在后轮和
前轮上，目标盘夹具应尽量保持竖直。

图 2-3-44　安装目标盘（二）

注意：不同车型的四轮定位前期准备的设备和车辆检查步骤相似，但由于四轮定位仪、举升机、目标盘及附件类型有所区别，应根据仪器设备使用说明书操作。

### （二）四轮定位测量

（1）点击四轮定位程序，输入客户信息，选择车型匹配数据进入四轮定位测量界面，如图 2-3-45 所示。

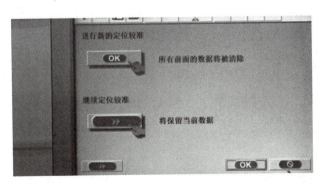

图 2-3-45　进入四轮定位测量界面

（2）调整车辆举升高度，使摄像机能照射到目标盘，如图 2-3-46 所示。

如果屏幕显示车轮和目标盘为红色，应调整车辆举升高度，使目标盘处于照相机照射范围内，红色提示消失，四轮定位仪进入待检状态

图 2-3-46　调整车辆高度

（3）红色提示消失，四轮定位进入待检状态，如图 2-3-47 所示。

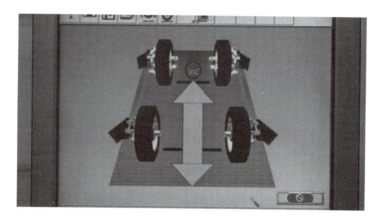

图 2-3-47　进入待检状态

（4）按照箭头指示，向前后推动车辆，如图 2-3-48 所示。屏幕出现红字图案时，停止推动车辆，保持不动。注意：要匀速推动车辆移动，以减少车辆振动。如果车辆发生振动，需要重新推动车辆。

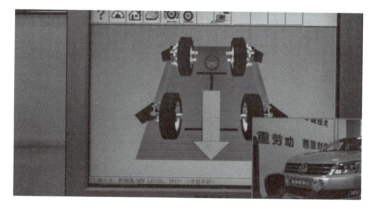

图 2-3-48　推动车辆

（5）推车结束后，系统进入三维调整界面，如图 2-3-49 所示。

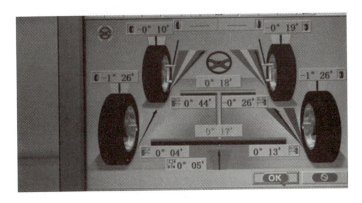

图 2-3-49　进入三维调整界面

（6）单击"OK"键，进入后轮读数界面，如图 2-3-50 所示。根据屏幕提示转动转向盘，使前轮回正。

图 2-3-50　进入后轮读数界面

（7）仪器自动显示后轮数据，如图 2-3-51 所示。

图 2-3-51　后轮数据

（8）单击"OK"进入前轮数据界面，根据提示使用转向盘固定器，固定转向盘位置，如图 2-3-52 和图 2-3-53 所示。

图 2-3-52　提示使用转角盘固定器

图 2-3-53　安装转向盘固定器

（9）在前轮数据界面，点击"前束值"。根据系统提示，使用固定扳手调整转向横拉杆，使数据进入绿色区域，如图 2-3-54 和图 2-3-55 所示。

图 2-3-54　进入前轮数据界面

图 2-3-55　调整转向横拉杆使数据合格

（10）调整完毕后移除转向盘固定器。

（11）测量主销后倾、内倾数据。根据提示安装制动下压器，拔下前转角盘固定销、后滑盘固定销，如图 2-3-56 所示。

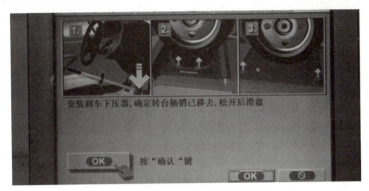

图 2-3-56　提示安装制动下压器

（12）根据系统提示向左转动转向盘。在 10°、20° 以及最大转角处停顿，使系统能采集到相关数据，如图 2-3-57 所示。完成后，按向左转方向盘相同的步骤向右转动转向盘。完成后自动生成测量参数，如图 2-3-58 所示。

图 2-3-57　采集最大转角数据

图 2-3-58　自动生成测量参数

（13）点击"OK"进入参数查看前后轮参数，如图 2-3-59 和图 2-3-60 所示。

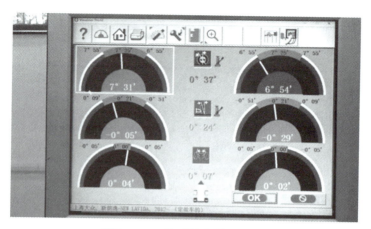

图 2-3-59　前后轮参数（一）

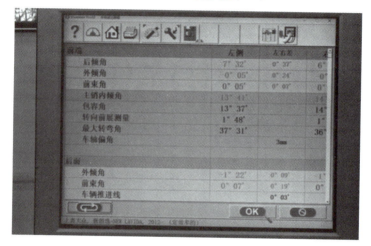

图 2-3-60　前后轮参数（二）

（14）测量完毕后，拆下制动下压器，如图 2-3-61 所示。

图 2-3-61　拆下制动下压器

（15）使设备归位复原，驶下车辆，如图 2-3-62 和图 2-3-63 所示。

图 2-3-62　设备复原

图 2-3-63　驶下车辆

## 【学习过程评价】

学习过程评价见表 2-3-1。

表 2-3-1　学习过程评价表

| 班级 | | 姓名 | | 学号 | | 日期 | 年　月　日 | |
|---|---|---|---|---|---|---|---|---|
| 序号 | 评价要点 | | | | 配分 | 得分 | 总评 | |
| 1 | 能正确识读和填写工作页，明确学习活动要求 | | | | 10 | | | |
| 2 | 能按照规范完成轮胎的检查与更换 | | | | 15 | | | |
| 3 | 能按照规范完成车轮动平衡 | | | | 15 | | | |
| 4 | 能按照规范完成悬架的检查 | | | | 15 | | A（86～100）□ B（76～85）□ C（60～75）□ D（60以下）□ | |
| 5 | 能按照规范完成车辆四轮定位 | | | | 15 | | | |
| 6 | 能遵守劳动纪律，以积极的态度接受工作任务 | | | | 10 | | | |
| 7 | 能积极参与小组讨论，具有团队合作精神 | | | | 10 | | | |
| 8 | 能及时完成教师布置的任务 | | | | 10 | | | |
| 总分 | | | | | 100 | | | |
| 小结建议 | | | | | | | | |

# 学习活动四　工作总结与评价

## 【学习目标】

（1）能按分组情况分别派代表展示工作成果，说明本次任务的完成情况并进行总结分析。
（2）能结合自身任务完成情况，正确规范撰写工作总结（心得体会）。
（3）能就本次任务中出现的问题提出改进措施。
（4）能对学习与工作进行反思总结，并能与他人开展良好合作，进行有效沟通。
（5）能按要求正确规范地完成本次学习活动工作页的填写。

## 【建议学时】

4学时。

## 【学习要求】

| 序号 | 学习步骤 | 学习内容 | 学时 | 备注 |
|------|----------|----------|------|------|
| 1 | 展示评价 | 成果展示、评价表填写、自我总结 | 1 | |
| 2 | 教师评价 | 对各组评价、对总体情况进行点评 | 1 | |
| 3 | 综合评价 | 综合评价表填写 | 2 | |

## 【学习过程】

### 一、展示评价

（1）以小组为单位、撰写培训总结，并选用适当的表达方式向学员展示、汇报学习成果。
（2）完成表 2-4-1。

表 2-4-1　学习总结评分表

| 评价指标 | 评分标准 | 所占分数 | 评价方式及得分 | | |
|----------|----------|----------|----------------|--|--|
| | | | 自我评价（10%） | 小组评价（20%） | 教师评价（70%） |
| 参与度 | 小组成员能积极参与活动 | 5 | | | |
| 团队合作 | 小组成员分工明确、合理，遇事不推诿责任，协作性好 | 15 | | | |
| 规范性 | 总结格式符合规范 | 15 | | | |
| 总结内容 | 内容真实、针对存在问题有反思和改进措施 | 25 | | | |

| 评价指标 | 评分标准 | 所占分数 | 评价方式及得分 | | |
|---|---|---|---|---|---|
| | | | 自我评价（10%） | 小组评价（20%） | 教师评价（70%） |
| 总结质量 | 对完成学习任务的情况有一定的分析和概括能力 | 15 | | | |
| | 结构严谨、层次分明、条理清晰、表达准确 | 15 | | | |
| | 能简明扼要地阐述总结的主要内容，能准确流利地表达 | 10 | | | |
| 得分 | | | | | |
| 学生姓名 | | 评价教师 | | 总分 | |

## 二、教师对展示的作品分别作评价

（1）找出各组优点点评。

（2）对任务完成过程中各组的缺点进行点评，提出改进方法。

（3）对整个任务完成中出现的亮点和不足进行点评。

## 三、学习任务综合评价（见表 2-4-2）

表 2-4-2　学习任务综合评价

| 序号 | 学习活动 | 得分 |
|---|---|---|
| 1 | 学习活动一 | |
| 2 | 学习活动二 | |
| 3 | 学习活动三 | |
| 综合得分 | | |
| 学生姓名 | | 评价教师 | 评价日期 | |

# 学习任务三　汽车转向沉重故障检修

## 【学习目标】

（1）能通过与客户交流、查阅相关维修技术资料等方式获取车辆信息。
（2）能根据任务要求制订合理的维修计划。
（3）能描述汽车转向系统的作用、类型及特点。
（4）能识别汽车转向系统主要零部件，熟悉各零部件的作用和安装位置。
（5）能查找汽车维修手册，对汽车转向系统零部件进行拆装、检查、更换和检修。
（6）能根据维修计划，选择正确的工量具和诊断设备对汽车转向系统进行检修。
（7）能对维修场地、设备进行日常维护和保养，按 6S 管理规定要求清理现场。
（8）能对相关资料、互联网资源进行检索，并完成维修工单、工作页的填写。
（9）能展示工作成果，进行任务评价，总结工作经验，优化检修方案。
（10）能在作业过程中严格按照企业操作规范操作，严格遵守安全生产制度、环保管理制度和从人员职业道德，具有吃苦耐劳、爱岗敬业的工作态度和职业精神。

## 【建议学时】

35 学时。

## 【任务情境描述】

某客户反映车辆在转向时，感觉转向盘转向沉重，过弯转向费力。车主将该车送入维修站后，汽车维修人员需要对相关部件进行拆检，根据维修手册相关要求，在规定时间内，参照维修资料完成转向系统的检查与零部件的更换工作，自检合格后交付班组长验收。

学习活动及课时分配表

| 活动序号 | 学习活动 | 学时安排 | 备注 |
|---|---|---|---|
| 1 | 汽车转向系统认知 | 4 | |
| 2 | 转向助力油及管路的检查与更换 | 20 | |
| 3 | 转向助力泵的检查与拆装 | 4 | |
| 4 | 转向器的检查与更换 | 5 | |
| 5 | 工作总结与评价 | 2 | |

# 学习活动一　汽车转向系统认知

## 【学习目标】

（1）能描述汽车转向系统的作用、类型和特点。
（2）能描述汽车转向系统的组成及各组成零部件的作用和安装位置。
（3）能描述转向器的类型。
（4）能描述汽车转向沉重故障现象并分析可能的原因。

## 【建议学时】

4学时。

## 【学习要求】

| 序号 | 学习步骤 | 学习内容 | 学时 | 备注 |
|---|---|---|---|---|
| 1 | 准备劳保护具及车辆防护用具 | 1. 劳保护具种类及穿戴要求；<br>2. 车辆防护用具的种类及作用 | 2 | |
| 2 | 识读检查单 | 检查单内容、意义 | 0.5 | |
| 3 | 新车交接检查项目 | 新车交车检查的项目 | 1 | |
| 4 | 学习过程评价 | 学习过程评价表 | 0.5 | |

## 【学习过程】

### 一、汽车转向系统的作用、类型和特点

转向系统的功用

#### （一）汽车转向系统的作用

汽车转向系统的作用是改变和保持汽车的行驶方向。当汽车需要改变行驶方向时，必须使转向轮绕主销轴线偏转一定角度，直到新的行驶方向符合驾员的要求时，再将转向轮恢复到直线行驶位置。

#### （二）汽车转向系统的类型

汽车转向系统按转向能源的不同可分为机械转向系统、电动助力转向系统和液压助力转向系统。

电动助力转向（EPS）系统利用直流电动机提供转向动力，辅助驾驶员进行转向操作。液压助力转向系统利用发动机工作时的动力带动转向助力泵工作产生液压助力推动转向器辅助驾驶员操作。

### （三）汽车转向系统的特点

汽车转向系统只有在汽车转向时才提供转向力，并且其响应速度快。

## 二、汽车转向系统的组成

汽车转向系统基本由转向操纵机构、转向器和转向传动机构三部分组成，如图 3-1-1 所示。

图 3-1-1　汽车转向系统的组成

转向操纵机构用来操纵转向器和转向传动机，使转向轮转向。转向器用来增大由转向盘传到转向节的力，并改变力的大小。转向传动机构用来将转向器输出的力和运动传给转向轮，使两侧转向轮偏转以实现汽车行驶方向的改变。

机械式转向系统的组成如图 3-1-2 所示。

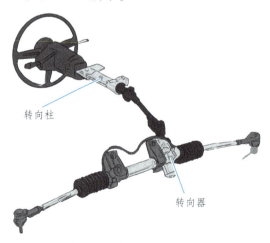

图 3-1-2　机械式转向系统

现代汽车为满足操纵轻便性，都配备助力系统。其主要分为液压助力转向系统、电动助力转向系统。

## 三、转向器的类型

### （一）蜗杆曲柄式转向器

蜗杆曲柄式转向器如图 3-1-3 所示。

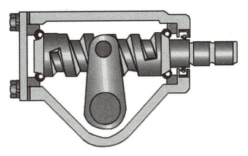

图 3-1-3　蜗杆曲柄式转向器

### （二）循环球式转向器

循环球式转向器如图 3-1-4 所示。

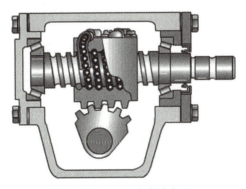

图 3-1-4　循环球式转向器

### （三）齿轮齿条转向器

齿轮齿条转向器如图 3-1-5 所示。

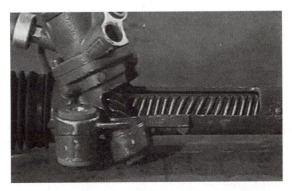

图 3-1-5　齿轮齿条转向器

## 四、汽车转向系统零部件认知

汽车转向系统主要零部件见表3-1-1。

表3-1-1　汽车转向系统主要零部件

| 序号 | 图　片 | 名　称 | 作　用 |
|---|---|---|---|
| 1 | | 转向助力泵 | 为转向系统提供动力 |
| 2 | | 转向横拉杆 | 用于连接转向器与转向节臂的元件 |
| 3 | | 转向助力电动机 | 在转向时，使用电能为驾驶员提供辅助动力 |
| 4 | | 转向器 | 接受转向盘的圆周转向力，并将其改变为直线往复运动 |
| 5 | | 转向管柱 | 用于连接转向盘与万向节的元件，在发生撞击变形时能起到缓冲的作用 |
| 6 | 动力转向液压管路接头 | 转向动力传动带 | 将发动机的动力传递到转向助力泵中 |
| 7 | | 转向控制模块 | 电控转向系统的大脑，根据车况、车速、气压来控制转向辅助力 |

## 五、故障确认与原因分析

### （一）故障现象

在汽车正常行驶转向时，驾驶员感到转向盘沉重，转向困难。

### （二）故障原因

（1）转向助力油缺失。
（2）转向助力泵传动带打滑或者断裂。
（3）转向电动机损坏。
（4）前轮胎气压低。

## 【学习过程评价】

学习过程评价见表 3-1-2。

表 3-1-2　学习过程评价表

| 班级 | | 姓名 | | 学号 | | 日期 | | 年　月　日 |
|---|---|---|---|---|---|---|---|---|
| 序号 | 评价要点 | | | | 配分 | 得分 | 总评 | |
| 1 | 能正确识读和填写工作页，明确学习活动要求 | | | | 10 | | | |
| 2 | 能查阅资料，写出汽车转向系统的作用、类型与特点 | | | | 10 | | | |
| 3 | 能查阅资料，写出汽车转向系统的组成 | | | | 10 | | A（86～100）□ B（76～85）□ C（60～75）□ D（60 以下）□ | |
| 4 | 能查阅资料，写出转向器的类型 | | | | 10 | | | |
| 5 | 能查阅资料，识别转向系统各零部件，并了解其作用 | | | | 15 | | | |
| 6 | 能查阅资料，分析汽车转向沉重故障现象与原因 | | | | 15 | | | |
| 7 | 能遵守劳动纪律，以积极的态度接受工作任务 | | | | 10 | | | |
| 8 | 能积极参与小组讨论，具有团队合作精神 | | | | 10 | | | |
| 9 | 能及时完成老师布置的任务 | | | | 10 | | | |
| 总分 | | | | | 100 | | | |
| 小结建议 | | | | | | | | |

## 学习活动二　转向助力油及管路的检查与更换

### 【学习目标】

（1）了解转向助力油的相关知识。
（2）能按照规范完成转向助力油液位与油品的检查。
（3）能按照规范完成转向助力油的更换。
（4）能按照规范完成转向系统管路泄漏的检查。

### 【建议学时】

20 学时。

### 【学习要求】

| 序号 | 学习步骤 | 学习内容 | 学时 | 备注 |
|---|---|---|---|---|
| 1 | 转向助力油 | 转向助力油的相关知识 | 1.5 | |
| 2 | 转向助力油的检查 | 1. 转向助力油液位检查；<br>2. 转向助力油品的检查 | 2 | |
| 3 | 转向助力油更换 | 转向助力油的更换 | 14 | |
| 4 | 转向系统管路的检查 | 转向系统管路泄漏的检查 | 2 | |
| 5 | 学习过程评价 | 学习过程评价表 | 0.5 | |

### 【学习过程】

## 一、转向助力油的认知

转向助力油是汽车转向助力泵使用的一种特殊油液，与自动变速器油、制动液以及减振器油相类似，液压作用可以使转向盘转动比较轻松。

### （一）转向助力油的更换周期

新车在行驶 10 000 ~ 20 000 km（磨合期）后，必须更换转向助力油，此后建议每行驶 50 000 km 更换一次，以保证油液清洁。某品牌转向助力油如图 3-2-1 所示。

图 3-2-1　转向助力油

## （二）转向助力油的作用

（1）是转向系统动力传递的介质。
（2）冷却转向系统各零部件。

## 二、转向助力油的检查

### （一）转向助力油液位置检查

根据表 3-2-1 中的检查步骤，判断转向助力油液位是否正常。

表 3-2-1　转向助力油液位检查

| 检查步骤 | 图　　示 | 操作要点 |
|---|---|---|
| 1 | | 将车辆停放在水平地面上，启动汽车，使发动机怠速运转 2 min，左右转动几次转向盘，使油温达到 40～80 ℃ 后熄火 |
| 2 | 助力液壶 | 观察转向助力液壶液位置面在"MIN"与"MAX"之间，液面在"MIN"标记以下，需要添加助力油。如果助力油有气泡或发白需要更换 |

## （二）转向助力油的检查

在车辆行驶时，转向助力油也在不间断地工作。转向助力油减少、进入空气或有磨料污染，会直接影响转向系统的工作性能，还会影响转向系统的使用寿命。一般情况下，每2年更换一次转向助力油。检查、补充、更换转向助力油是一项重要的常规维护作业。

## 三、转向助力油的更换

### （一）转向助力油的回收

转向助力油的回收见表3-2-2。

表3-2-2　转向助力油的回收

| 作业项目 | 图示 | 操作规范及注意事项 |
|---|---|---|
| 举升车辆，排除废油 | | 使用升降机规范地升起汽车，松开动力转向系统的放油螺塞或回油管，将转向助力废油放到专用的容器中 |
| 启动车辆，转动转向盘 | | 降下车辆，启动发动机至怠速运转，反复转动转向盘到底，直至转向助力油排放干净为止 |

### （二）转向助力油的添加

转向助力油的添加见表3-2-3。

表3-2-3　转向助力油的添加

| 作业项目 | 图示 | 操作规范及注意事项 |
|---|---|---|
| 加油 | | 添加转向助力油时，应向储油罐内加注规定牌号的转向助力油至规定液面，并用滤网过滤，以免杂质混入转向助力油中 |

| 作业项目 | 图示 | 操作规范及注意事项 |
|---------|------|------------------|
| 排空气 | | 　　动力转向装置在使用和加油过程中，不允许有空气存在，尤其在对其组件检修后，必须排空气，保证其工作正常。<br>　　（1）架起转向轮，使发动机急速运转，将塑料软管的一端套在动力转向装置的放气螺塞上，将另一端插入容器中，反复将转向盘转到极限位置。等到动力转向装置内初步充满转向助力油后，将车轮放下，旋松放气螺塞，使系统在较高压力下通过放气螺塞放气。<br>　　（2）将转向盘再次转到极限位置，再放气直至容器不再有气泡和乳化现象为止，且发动机停转后，液面变化不大，说明空气已排净。<br>　　（3）在排气过程中，液面会下降，油面过低时转向系统中会再次进入空气，因此，应随时添加转向助力油，维持标准液面高度 |

## 四、转向系统管路泄漏检查

转向系统管路泄漏检查见表 3-2-4。

表 3-2-4　转向系统管路泄漏检查

| 作业项目 | 图示 | 检查结果 |
|---------|------|---------|
| 举升车辆 | | 是否使用升降机升起汽车检查 |
| 检查相关管路接口处是否存在泄漏 | | 　　检查转向器高压油管与回油管路处是否存在泄漏 |

## 【学习过程评价】

学习过程评价见表 3-2-5。

表 3-2-5　学习过程评价表

| 班级 | | | 姓名 | | 学号 | | | 日期 | 年　月　日 | |
|---|---|---|---|---|---|---|---|---|---|---|
| 序号 | 评价要点 | | | | | | 配分 | 得分 | 总评 | |
| 1 | 能正确识读和填写工作页，明确学习活动要求 | | | | | | 10 | | | |
| 2 | 能查阅资料，写出汽车转向助力油的作用与更换周期 | | | | | | 10 | | | |
| 3 | 能按照规范完成转向助力油液位与油品的检查 | | | | | | 10 | | | |
| 4 | 能按照规范完成转向助力油的回收与添加 | | | | | | 20 | | A（86~100）□<br>B（76~85）　□<br>C（60~75）　□<br>D（60以下）　□ | |
| 5 | 能按照规范完成转向系统管路泄漏的检查 | | | | | | 20 | | | |
| 6 | 能遵守劳动纪律，以积极的态度接受工作任务 | | | | | | 10 | | | |
| 7 | 能积极参与小组讨论，具有团队合作精神 | | | | | | 10 | | | |
| 8 | 能及时完成教师布置的任务 | | | | | | 10 | | | |
| 总分 | | | | | | | 100 | | | |
| 小结建议 | | | | | | | | | | |

# 学习活动三　转向助力泵的检查与拆装

## 【学习目标】

（1）能描述转向助力泵的作用及类型。
（2）能描述叶片式转向泵的结构。
（3）能按照规范完成转向助力泵的拆装与检查。

## 【建议学时】

4学时。

## 【学习要求】

| 序号 | 学习步骤 | 学习内容 | 学时 | 备注 |
|---|---|---|---|---|
| 1 | 转向助力泵的作用及类型 | 1. 转向助力泵的作用；<br>2. 转向助力泵的类型 | 1.5 | |
| 2 | 叶片式转向泵的结构 | 叶片式转向泵的结构 | 1 | |
| 3 | 转向助力泵的拆装与检查 | 1. 转向助力泵的拆装；<br>2. 转向助力泵的检查 | 1 | |
| 4 | 学习过程评价 | 学习过程评价表 | 0.5 | |

## 【学习过程】

### 一、转向助力泵的作用及类型

#### （一）转向助力泵的作用

　　汽车转向助力泵（见图3-3-1）与转向器共同组成汽车液压助力式转向系统，驱动汽车转向轮实现转向功能。汽车转向助力泵的作用是为转向系统提供动力源，并且其内部的安全阀对转向系统起到安全防护作用。

#### （二）转向助力泵的类型

　　（1）根据结构形式不同，可将转向助力泵分为齿轮泵、螺杆泵、柱塞泵和叶片式转向泵。汽车上常用叶片式转向泵。
　　（2）根据驱动形式不同，可将转向助力泵分为齿轮驱动式转向泵、十字滑键式转向泵和带轮驱动式转向泵三种。齿轮驱动式转向泵多用于重型卡车；十字滑键式转向泵多用于中型卡车；带轮驱动式转向泵多用于乘用车。

图 3-3-1　转向助力泵

## 二、叶片式转向泵的结构

叶片式转向泵主要由定子泵体总成、压力传感器、流量控制阀、外壳总成、轴承、带轮和盖板等组成，如图 3-3-2 所示。

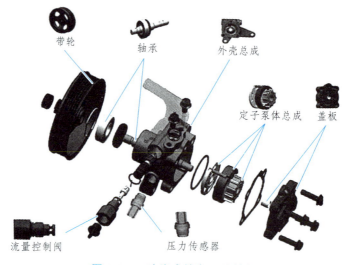

图 3-3-2　叶片式转向泵的结构

## 三、叶片式转向泵的检查与更换

以哈弗 M6 为例，讲解叶片式转向泵的检查与更换。

### （一）叶片式转向泵的拆装

（1）拆卸发动机附件传动带，断开电控可阻尼节流孔电磁阀执行器上的电气连接器，如图 3-3-3 所示。

图 3-3-3　叶片式转向泵拆卸（一）

（2）在从叶片式转向泵上断开高压软管后，用一个接油盘接收从高压软管流出的转向助力油，如图 3-3-4 所示。

图 3-3-4　叶片式转向泵拆卸（二）

（3）从叶片式转向泵右前侧拆卸螺栓。

（4）拆卸两个叶片式转向泵螺栓，然后从车上拆卸叶片式转向泵。

（5）安装步骤与拆卸步骤相反。

## （二）叶片式转向泵的分解与检查

（1）拆卸带轮，使用拆卸工具把带轮的固定螺栓拆下，取下带轮，检查是否变形，如图 3-3-5 所示。

图 3-3-5　拆卸带轮

（2）用卡簧钳拆下卡簧，检查卡簧是否有足够的弹性，如图 3-3-6 所示。

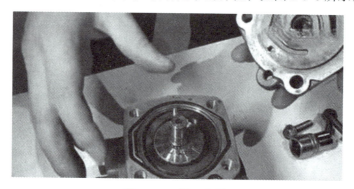

图 3-3-6　拆下卡簧

（3）拆下叶片式转向泵的后盖，使用塞尺检查后壳的磨损与密封程度，如图 3-3-7 所示。

图 3-3-7　检查后壳的磨损

（4）检查叶片式转向泵的泵体、叶片、叶片转子、泵体总成的磨损程度。

## 【学习过程评价】

学习过程评价见表 3-3-1。

表 3-3-1　学习过程评价表

| 班级 | | | 姓名 | | 学号 | | | 日期 | 年　月　日 | | |
|---|---|---|---|---|---|---|---|---|---|---|---|
| 序号 | | 评价要点 | | | | | 配分 | 得分 | 总评 | | |
| 1 | 能正确识读和填写工作页，明确学习活动要求 | | | | | | 10 | | A（86～100）□<br>B（76～85）□<br>C（60～75）□<br>D（60 以下）□ | | |
| 2 | 能查阅资料，写出汽车转向助力泵的作用及类型 | | | | | | 10 | | | | |
| 3 | 能查阅资料，写出叶片式转向泵的结构 | | | | | | 10 | | | | |
| 4 | 能按照规范完成转向助力泵的拆卸 | | | | | | 20 | | | | |
| 5 | 能按照规范完成转向助力泵的分解检查 | | | | | | 20 | | | | |
| 6 | 能遵守劳动纪律，以积极的态度接受工作任务 | | | | | | 10 | | | | |
| 7 | 能积极参与小组讨论，具有团队合作精神 | | | | | | 10 | | | | |
| 8 | 能及时完成教师布置的任务 | | | | | | 10 | | | | |
| 总分 | | | | | | | 100 | | | | |
| 小结建议 | | | | | | | | | | | |

# 学习活动四　转向器的检查与更换

## 【学习目标】

（1）能描述齿轮齿条式转向器的结构与特点。
（2）能描述液压分配阀的作用与工作原理。
（3）能描述齿轮齿条式转向器的拆装要点及注意事项。
（4）能按照规范完成齿轮齿条式转向器主要零部件的检修。

## 【建议学时】

5 学时。

## 【学习要求】

| 序号 | 学习步骤 | 学习内容 | 学时 | 备注 |
|---|---|---|---|---|
| 1 | 齿轮齿条式转向器的结构与特点 | 1. 转向器的结构；<br>2. 转向器的特点 | 2 | |
| 2 | 液压分配阀的作用与工作原理 | 1. 液压分配阀的作用；<br>2. 液压分配阀的工作原理 | 1 | |
| 3 | 齿轮齿条式转向器的拆装要点及注意事项 | 1. 转向器的拆装要点；<br>2. 转向器的拆装注意事项 | 0.5 | |
| 4 | 齿轮齿条式转向器主要零部件的检修 | 转向器主要零部件的检修 | 1 | |
| 5 | 学习过程评价 | 学习过程评价表 | 0.5 | |

## 一、齿轮齿条式转向器的结构与特点

### （一）齿轮齿条式转向器的结构

齿轮齿条式转向器主要由转向器壳、转向齿轮、转向齿条等组成（见图 3-4-1），转向器通过转向器壳的两端用螺栓固定车身上。

### （二）齿轮齿条式转向器的特点

齿轮齿条式转向器结构简单、传动效率高、操纵轻便、质量轻。由于不需要转向摇臂和转向直拉杆，转向传动机构得以简化，有效解决了逆传动效率高和实现转向器可变比等技术问题。目前，这种转向器在前轮为独立悬架的中级以下轿车和轻型、微型货车上被广泛应用。

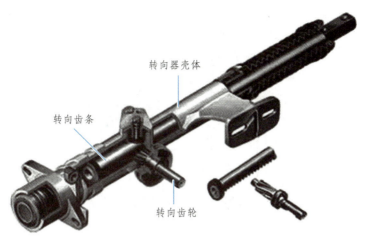

图 3-4-1  齿轮齿条式转向器

## 二、液压分配阀的作用与工作原理

### （一）液压分配阀的作用

液压分配阀由转向盘连接转向管柱控制，通过转动转向盘改变液压分配阀的位置，从而改变助力转向油的流向，在汽车转向时起到助力作用。

### （二）液压分配阀的工作原理

当汽车直线行驶时，转向盘居中使液压分配阀居中，转向助力系统没有对汽车产生任何助力，此时转向助力油的流向，如图 3-4-2 所示。

图 3-4-2  转向盘居中时转向助力油的流向

当汽车向右转向时，转向盘向右使液压分配阀向右偏转，转向助力系统对汽车产生向右的助力，此时转向助力油的流向，如图 3-4-3 所示。

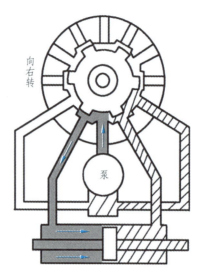

图 3-4-3　向右转向时转向助力油的流向

当汽车向左转向时，转向盘向左使液压分配阀向左偏转，转向助力系统对汽车产生向左的助力，此时转向助力油的流向，如图 3-4-4 所示。

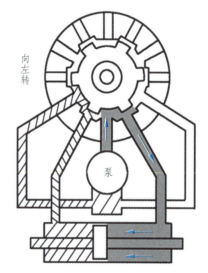

图 3-4-4　向左转时转向助力油的流向

## 三、齿轮齿条式转向器的拆装

### （一）转向横拉杆的拆装

（1）拆卸横拉杆时，用球节拆卸工具标记内转向横拉杆上的螺纹，并断开外转向横拉杆，如图 3-4-5 所示。

（2）松开外转向横拉杆调整螺母，通过转动从内转向横拉杆上拆下外转向横拉杆，如图 3-4-6 所示。

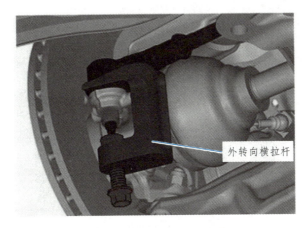

图 3-4-5　断开外转向横拉杆

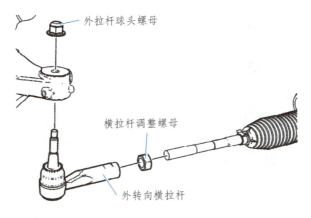

图 3-4-6　拆下外转向横拉杆

（3）安装转向横拉杆时，对准内转向横拉杆上的标记，将调整螺母重新定位，通过转动将外转向横拉杆安装到内转向横拉杆上，如图 3-4-7 所示。

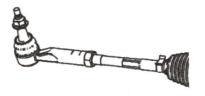

图 3-4-7　安装外转向横拉杆

（4）将外转向横拉杆连接到转向节上，调整前束安装调节螺母（力矩为 64 N·m），安装外转向横拉杆螺母（力矩为 52 N·m），如图 3-4-8 所示。

## （二）防尘套的拆卸

拆卸外转向横拉杆，拆卸防尘套固定卡箍，拆下防尘套，如图 3-4-9 所示。

图 3-4-8　将外转向横拉杆连接到转向节上

图 3-4-9　外转向横拉杆防尘套

### （三）齿轮齿条式转向器的拆卸

（1）转动转向盘直到转向盘辐条处于垂直位置并指向左侧，使转向器置于正前位置。拆卸中间轴夹紧螺栓，使其对准中间轴下联轴节上的标记，在曲轴上刻印一个标记，如图 3-4-10 所示。

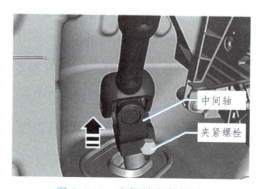

中间轴

夹紧螺栓

图 3-4-10　中间轴夹紧螺栓

（2）断开齿轮齿条式转向器的转向助力油管，如图 3-4-11 所示。

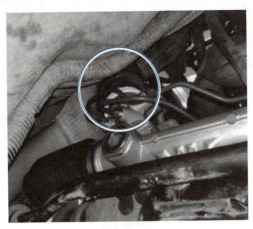

图 3-4-11　转向助力油管

（3）拆卸变速驱动桥中心托架至变速驱动桥和发动机的固定螺栓，从齿轮齿条式转向器安装架上拆卸螺母和螺栓，如图 3-4-12 所示。

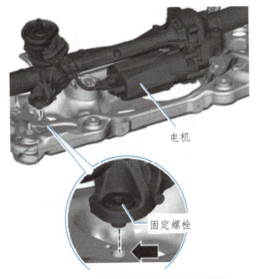

电机

固定螺栓

图 3-4-12　齿轮齿条式转向器安装架

（4）从横梁上的卡夹中拆卸齿轮齿条式转向器油管固定架，如图 3-4-13 所示。

## （四）齿轮齿条式转向器的分解与安装

（1）在齿轮齿条式转向器总成上拆卸齿条轴承总成，标记内转向横拉杆上的螺栓，以便重新定位调整螺母，松开调整螺母并拆卸外转向横拉杆螺母和调整螺母，如图 3-4-6 所示。

（2）拆卸防尘套固定卡箍，如图 3-4-9 所示。

（3）推回塑料固定器，保护内转向横拉杆和动力转向器齿条，并拆卸小齿条侧内转向横拉杆，如图 3-4-14 所示。

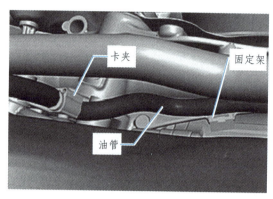

图 3-4-13　转向器油管固定架拆卸

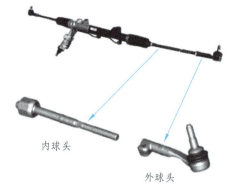

图 3-4-14　内转向横拉杆

（4）将一块抹布放在齿条上，在齿条处用扳手握住齿条总成，并拆卸小齿轮侧内转向横拉杆，如图 3-4-15 所示。

（5）齿轮齿条式转向器总成安装顺序与拆卸顺序相反。

图 3-4-15　拆卸小齿轮侧内转向横拉杆

## 四、齿轮齿条式转向器的检修

（1）检查齿轮齿条式转向外壳是否出现变形；分解并清洗转向器后，检查转向齿轮与齿条有无磨损与损坏，转向器壳体是否有裂纹。注意：转向器上的零件不允许焊接或矫正，只能更换。

（2）检查转向齿条是否有挠曲，齿面是否有磨损或损坏，齿条背面是否磨损或损坏。齿条挠度极限值为 0.15 mm，如果挠度超过规定值，应更换齿条。清洁齿条时，不能使用钢丝刷。

（3）检查转向齿条衬套是否磨损或损坏。如果有不良情形，应更换转向器壳体。

（4）检查转向齿条导向座或压缩衬套是否磨损或损坏，检查齿条导向弹簧是否弹性减弱。如果有不良情形，应予以更换。

【学习过程评价】

学习过程评价见表 3-4-1。

表 3-4-1　学习过程评价表

| 班级 | | 姓名 | | 学号 | | 日期 | | 年　月　日 |
|---|---|---|---|---|---|---|---|---|
| 序号 | 评价要点 | | | | 配分 | 得分 | | 总评 |
| 1 | 能正确识读和填写工作页，明确学习活动要求 | | | | 10 | | | |
| 2 | 能查阅资料，写出齿轮齿条式转向器的结构与特点 | | | | 10 | | | A（86～100）□<br>B（76～85）□<br>C（60～75）□<br>D（60 以下）□ |
| 3 | 能查阅资料，写出液压分配阀的作用与工作原理 | | | | 10 | | | |
| 4 | 能按照规范完成齿轮齿条式转向器的拆装 | | | | 20 | | | |
| 5 | 能按照规范完成齿轮齿条式转向器的检修 | | | | 20 | | | |
| 6 | 能遵守劳动纪律，以积极的态度接受工作任务 | | | | 10 | | | |
| 7 | 能积极参与小组讨论，具有团队合作精神 | | | | 10 | | | |
| 8 | 能及时完成教师布置的任务 | | | | 10 | | | |
| 总分 | | | | | 100 | | | |
| 小结建议 | | | | | | | | |

# 学习活动五　工作总结与评价

## 【学习目标】

（1）能按分组情况分别派代表展示工作成果，说明本次任务的完成情况并做总结分析。
（2）能结合自身任务完成情况，正确规范撰写工作总结（心得体会）。
（3）能就本次任务中出现的问题提出改进措施。
（4）能对学习与工作进行反思总结，并能与他人开展良好合作，进行有效沟通。
（5）能按要求正确规范地完成本次学习活动工作页的填写。

## 【建议学时】

2学时。

## 【学习要求】

| 序号 | 学习步骤 | 学习内容 | 学时 | 备注 |
|------|---------|---------|------|------|
| 1 | 展示评价 | 成果展示、评价表填写、自我总结 | 1 | |
| 2 | 教师评价 | 对各组评价、对总体情况进行点评 | 0.5 | |
| 3 | 综合评价 | 综合评价表填写 | 0.5 | |

## 【学习过程】

### 一、展示评价

（1）以小组为单位、撰写培训总结，并选用适当的表达方式向学员展示、汇报学习成果。
（2）完成评价表 3-5-1。

表 3-5-1　学习总结评分表

| 评价指标 | 评分标准 | 所占分数 | 评价方式及得分 | | |
|---------|---------|---------|----------------|---|---|
| | | | 自我评价（10%） | 小组评价（20%） | 教师评价（70%） |
| 参与度 | 小组成员能积极参与活动 | 5 | | | |
| 团队合作 | 小组成员分工明确、合理，遇事不推诿责任，协作性好 | 15 | | | |
| 规范性 | 总结格式符合规范 | 15 | | | |
| 总结内容 | 内容真实、针对存在的问题有反思和改进措施 | 25 | | | |

| 评价指标 | 评分标准 | 所占分数 | 评价方式及得分 | | |
|---|---|---|---|---|---|
| | | | 自我评价（10%） | 小组评价（20%） | 教师评价（70%） |
| 总结质量 | 对完成学习任务的情况有一定的分析和概括能力 | 15 | | | |
| | 结构严谨、层次分明、条理清晰、表述准确 | 15 | | | |
| | 能简明扼要地阐述总结的主要内容，能准确流利地表述 | 10 | | | |
| 得分 | | | | | |
| 学生姓名 | | 评价教师 | | 总分 | |

## 二、教师对展示的作品分别作评价

（1）找出各组优点点评。

（2）对任务完成过程中各组的缺点进行点评，提出改进方法。

（3）对整个任务完成中出现的亮点和不足进行点评。

## 三、学习任务综合评价（见表 3-5-2）

表 3-5-2　学习任务综合评价

| 序号 | 学习活动 | 得分 |
|---|---|---|
| 1 | 学习活动一 | |
| 2 | 学习活动二 | |
| 3 | 学习活动三 | |
| 4 | 学习活动四 | |
| 综合得分 | | |
| 学生姓名 | | 评价教师 | | 评价日期 | |

# 学习任务四　汽车制动无力故障检修

## 【学习目标】

（1）能描述汽车制动系统的作用、组成及分类。

（2）能描述制动液的作用、型号、选用原则及更换周期。

（3）能描述制动总泵及真空助力器的作用、组成及安装位置。

（4）能描述行车制动器的类型、特点、组成及工作原理。

（5）能描述驻车制动器的作用、组成及类型。

（6）能正确使用制动液含水量（率）测试仪器，并完成制动液的检查与更换。

（7）能完成制动总泵及真空助力器的检查与更换。

（8）能完成盘式制动器的检查与更换。

（9）能完成驻车制动器的检查与调整。

（10）能对维修场地、设备进行日常维护和保养，按 6S 管理规定要求清理现场。

（11）能对相关资料、互联网资源进行检索，并完成维修工单、工作页的填写。

（12）能展示工作成果，进行任务评价，总结工作经验，优化检修方案。

（13）能在作业过程中严格按照企业操作规范操作，严格遵守安全生产制度、环保管理制度和从人员职业道德，具有吃苦耐劳、爱岗敬业的工作态度和职业精神。

## 【建议学时】

53 学时。

## 【任务情境描述】

一辆小轿车在制动时，感觉制动力不足。车主将该车送入维修站后，汽车维修人员需要对相关部件进行拆检，并根据维修手册相关要求，在规定时间内，参考维修资料完成制动系统的检查与零部件的更换工作，自检合格后交付班组长验收。

学习活动及课时分配表

| 活动序号 | 学习活动 | 学时安排 | 备注 |
|---|---|---|---|
| 1 | 汽车制动系统的认知 | 4 | |
| 2 | 制动液及管路的检查与更换 | 20 | |
| 3 | 行车制动器的检查与更换 | 20 | |
| 4 | 制动总泵及真空助力器的检查与更换 | 2.5 | |
| 5 | 驻车制动器的检查与调整 | 2.5 | |
| 6 | 工作总结与评价 | 4 | |

# 学习活动一　汽车制动系统的认知

## 【学习目标】

（1）能描述汽车制动系统的作用及分类。
（2）能描述汽车制动系统的组成。
（3）能描述汽车制动系统各组成部件的作用及安装位置。

## 【建议学时】

4学时。

## 【学习要求】

| 序号 | 学习步骤 | 学习内容 | 学时 | 备注 |
|---|---|---|---|---|
| 1 | 准备劳保护具及车辆防护用具 | 1. 劳保护具种类及穿戴要求；<br>2. 车辆防护用具的种类及作用 | 2 | |
| 2 | 识读检查单 | 检查单内容、意义 | 1 | |
| 3 | 新车交接检查项目 | 新车交车检查的项目 | 0.5 | |
| 4 | 学习过程评价 | 学习过程评价表 | 0.5 | |

## 【学习过程】

### 一、汽车制动系统的作用及分类

#### （一）汽车制动系统的作用

（1）按照需要使汽车减速或在规定距离内停车。
（2）在行驶时限制车速。
（3）使汽车可靠地停放在原地保持不动。

#### （二）汽车制动系统的分类

（1）汽车制动系统按功用可分为行车制动系统、驻车制动系统和辅助制动系统。
（2）汽车制动系统按制动能量传输方式可分为机械式、液压式、气压式和电磁式。
（3）汽车制动系统按制动回路数量可分为单回路制动系统和双回路制动系统。
（4）汽车制动系统按能源可分为人力制动系统、动力制动系统和伺服制动系统。
现代乘用车多采用双回路液压制动系统。

## 二、汽车制动系统的组成及工作原理

现代轿车多采用伺服制动系统，主要由行车制动系统和驻车制动系统两部分组成，如图4-1-1所示。

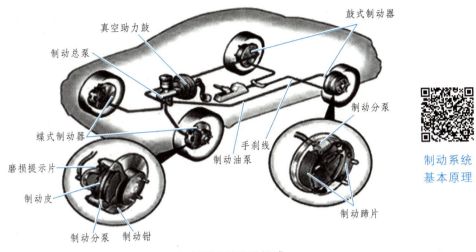

图 4-1-1　汽车制动系统的组成

### （一）行车制动系统的组成

行车制动系统主要由制动踏板、制动总泵、真空助力器、防抱死制动系统总成、制动液、制动油管、前制动器和后制动器等组成。

制动总泵、分泵和连接油管内充满制动液（也称为制动油），它们组成一个封闭的压力传递系统。

当踩下制动踏板时，真空助力器起到助力作用，推动总泵的活塞向前移，总泵内制动液的压力升高，通过油管进入各车轮的分泵，推动分泵的活塞外胀，实现脚踩制动的力向车轮制动器的传递，推动车轮制动器产生摩擦力实施制动，如图4-1-2所示。

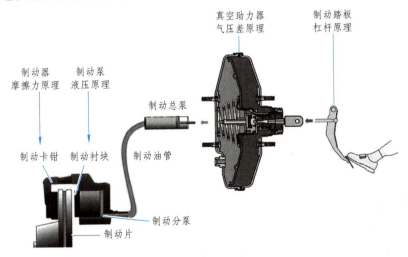

图 4-1-2　行车制动原理

当松开制动踏板时，总泵活塞在油压和回位弹簧的作用下回位，分泵活塞和车轮制动器回位，解除对车轮的制动。

## （二）驻车制动系统的组成

驻车制动系统主要由驻车制动手柄、驻车制动拉索和驻车制动蹄片等组成。

## 三、汽车制动系统各组成部件的认知

根据表 4-1-1 中的实物图并结合实训车辆或实训台架，识别汽车制动系统各组成部件的所属系统以及在实车上的安装位置。

表 4-1-1　汽车制动系统组成部件

| 实物图 | 名称 | 作用 | 安装位置 |
|---|---|---|---|
| | 盘式制动器 | 在高压制动液的压力下产生对车轮的制动力 | |
| | 制动总泵 | 将制动踏板输入的机械力转换为液压力 | |
| | 真空助力器 | 降低制动所需要的脚踏板力 | |
| | 制动踏板 | 操纵行车制动系统 | |
| | 驻车制动手柄 | 操纵驻车制动系统 | |

| 实物图 | 名称 | 作用 | 安装位置 |
|--------|------|------|----------|
| | 驻车制动开关 | 操纵驻车制动系统 | |
| | ASB 泵 | 接收 ECU 的指令，通过电磁间的动作来实现车轮制动器制动压力的自动调节，实现降压、保压、升压的目的 | |

## 【学习过程评价】

学习过程评价见表 4-1-2。

表 4-1-2　学习过程评价表

| 班级 | | 姓名 | | 学号 | | 日期 | 年　月　日 |
|------|---|------|---|------|---|------|-----------|
| 序号 | | 评价要点 | | | 配分 | 得分 | 总评 |
| 1 | | 能正确识读和填写工作页，明确学习活动要求 | | | 10 | | |
| 2 | | 能查阅资料，写出汽车制动系统的作用及分类 | | | 20 | | |
| 3 | | 能查阅资料，写出汽车制动系统的组成 | | | 20 | | A（86～100）□ |
| 4 | | 能查阅资料，写出汽车制动系统各组成部件的作用及安装位置 | | | 20 | | B（76～85）□<br>C（60～75）□ |
| 5 | | 能遵守劳动纪律，以积极的态度接受工作任务 | | | 10 | | D（60 以下）□ |
| 6 | | 能积极参与小组讨论，具有团队合作精神 | | | 10 | | |
| 7 | | 能及时完成教师布置的任务 | | | 10 | | |
| | | 总分 | | | 100 | | |
| 小结建议 | | | | | | | |

# 学习活动二 制动液及管路的检查与更换

## 【学习目标】

（1）能描述制动液的作用、型号、选用原则及更换周期。
（2）能正确使用制动液含水量测试笔与制动液含水率测试仪。
（3）能完成制动液的检查。
（4）能完成制动液的更换。

## 【建议学时】

20 学时。

## 【学习要求】

| 序号 | 学习步骤 | 学习内容 | 学时 | 备注 |
|------|----------|----------|------|------|
| 1 | 制动液的认知 | 制动液的相关知识 | 3.5 | |
| 2 | 制动液的检查 | 1. 制动液液位检查；<br>2. 制动液品质检查 | 2 | |
| 3 | 制动液的更换 | 制动液的更换 | 14 | |
| 4 | 学习过程评价 | 学习过程评价表 | 0.5 | |

## 【学习过程】

## 一、制动液的认知

### （一）制动液简介

汽车制动液是用于汽车液压制动系统中传递压力，使车轮制动器实现制动作用的一种功能性液体，起到传递能量、散热、防腐、防锈以及润滑等作用。它一般储存在汽车发动机舱的制动液罐内，如图 4-2-1 所示。

### （二）制动液的型号

根据美国石油协会（API）规定，制动液分为 DOT3、DOT4 和 DOT5.1 三种，如图 4-2-2 所示。其中，DOT3 一般为醇醚型，其化学成分为低聚乙二醇或丙二醇；DOT4 一般为酯型，是在醇醚型的基础上添加大量的硼酸制成的；DOT5.1 一般为硅油型。

注意：不同型号的制动液不宜混合使用。

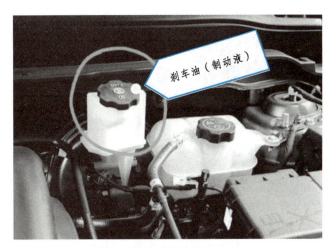

图 4-2-1　制动液罐

图 4-2-2　制动液的种类

### （三）制动液选用原则

（1）选用的制动液产品类型应与车辆制造厂家规定的制动液产品类型相同。

（2）尽量选用正规厂家生产的、性能稳定的、质量有保证的制动液产品。

（3）选用的制动液产品质量等级应等于或高于车辆制造厂家规定的制动液质量等级。

（4）尽量选择合成制动液。

### （四）制动液的更换周期

每 2 年或每行驶 40 000 km 需更换制动液。当发现制动液中有杂质或水分时，必须更换制动液。

## 二、制动液的检查

### （一）制动液液位高度检查

制动液液位警告信号开关用于检测制动液储液罐内的制动液液位，当液位低于规定值时将信号传递给汽车仪表。它一般安装在储液罐或旋盖上，如图 4-2-3 所示。

图 4-2-3　制动液液位警告信号开关

制动液油壶上"MAX"表示最高点,"MIN"表示最低点。

常规保养时的制动液液位须根据制动片的磨损程度来判定其是否正常。行车时,由于制动片磨损和自动调整,液位会略微下降。当制动片快磨损到极限时,液位通常偏低,即在最低标记处或稍高于最低标记处,此时不必添加制动液。当制动片是新的或远远没达到磨损极限时,建议的制动液液位保持在最低标记与最高标记之间。

### (二)制动液含水量检查

制动液具有吸水性。空气中的水分会从制动液储液罐的通气孔(见图 4-2-4)渗入,导致制动液水分超标、沸点降低从而影响制动效果。当制动液含水量达到一定值时,高温会使水分蒸发汽化,进而在制动液管路中形成气阻,导致制动迟钝、滞后,甚至失灵。此外,如果长时间不更换制动液,可能使制动系统遭到腐蚀,给车带来一定的安全隐患。

图 4-2-4　制动液储液罐通气孔

制动液含水量无法用肉眼判断,汽修店通常使用制动液含水量测试笔检测。根据制动液含水量的不同,测试笔会显示绿色、黄色、红色三种灯光。绿灯表示制动液使用情况正常。当制动液含水量达到 2% 时会亮起黄灯,这时,汽车再行驶 3 000 km 左右就该更换制动液了。如果亮起红灯,表示制动液含水量已经超标,应该马上更换制动液。制动液含水量测试笔使用时,保持笔尖上的 2 个金属探头全部浸泡在制动液中,按住笔尖尾部按钮并保持 2 s 以上,读取笔杆上的 5 个 LED 指示灯的显示结果,如图 4-2-5 所示。

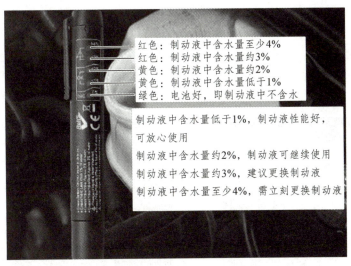

红色：制动液中含水量至少4%
红色：制动液中含水量约3%
黄色：制动液中含水量约2%
黄色：制动液中含水量低于1%
绿色：电池好，即制动液中不含水

制动液中含水量低于1%，制动液性能好，可放心使用
制动液中含水量约2%，制动液可继续使用
制动液中含水量约3%，建议更换制动液
制动液中含水量至少4%，需立刻更换制动液

图 4-2-5　制动液含水量测试笔

根据表 4-2-1 中的图示填写检查结果。

表 4-2-1　制动液检测

| 图示 | 检查结果 |
| --- | --- |
|  |  |
|  |  |
|  |  |

### （三）制动液泄漏检查

由于制动液几乎没有损耗，如果液位降低到最低标记以下，必须在添加制动液之前检查制动系统，确保没有泄漏和其他异常情况。主要检查总泵管路连接处，及橡胶制动油管及金属制动油管，如图 4-2-6 所示。

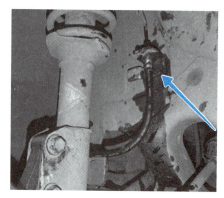

图 4-2-6　制动液泄漏检查

### 三、制动液更换

在更换制动液或为制动管路排除空气时，一般要求两人配合操作（一人在车内，一人在车外）。

（1）将透明软管一端接在制动分泵处的排气塞上，另一端插入一个透明容器，如图 4-2-7所示。

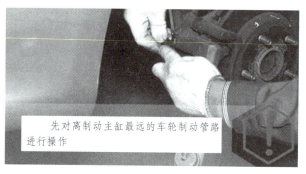

先对离制动主缸最远的车轮制动管路进行操作

图 4-2-7　连接管路

（2）在排气或更换制动液时，车上人员连续踩几次制动踏板，对制动液回路内加压，然后踩住制动踏板不放，如图 4-2-8 所示。

（3）车下作业人员将制动分泵上的排气螺塞旋出至少一整圈，空气随制动液一起排出。若排出制动液有泡沫，则应旋紧排气螺塞，车上人员再踩几次制动踏板，车下人员继续上述操作，直到排出制动液中没有泡沫，再次旋紧排气螺塞，如图 4-2-9 所示。

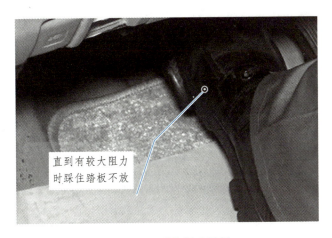

直到有较大阻力
时踩住踏板不放

图 4-2-8　踩住制动踏板

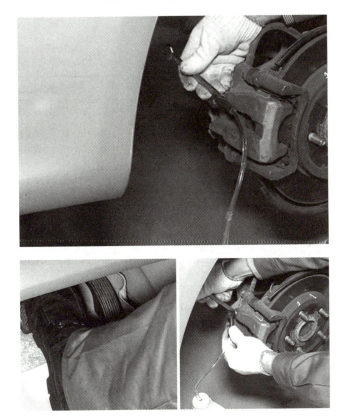

图 4-2-9　排气操作

　　一般应先对离制动总泵最远的车轮的制动管路进行排气。不同车型制动液的排气顺序有差异，应按照汽车维修手册上的相应要求进行排气。按右后轮—左后轮—右前轮—左前轮的顺序，进行各制动分泵制动液的更换及空气的排放。

　　（4）检查制动液液位，必须在"MAX"与"MIN"之间，如图 4-2-10 所示。

该步骤完成后，应及时检查储液罐的液面保持在"MIN"与"MAX"线之间

图 4-2-10　检查制动液高度

## 【学习活动评价】

学习过程评价见表 4-2-2。

表 4-2-2　学习过程评价表

| 班级 | | 姓名 | | 学号 | | 日期 | 年　月　日 | |
|---|---|---|---|---|---|---|---|---|
| 序号 | 评价要点 | | | | 配分 | 得分 | 总评 | |
| 1 | 能正确识读和填写工作页，明确学习活动要求 | | | | 10 | | | |
| 2 | 能查阅资料，写出制动液的作用与更换周期 | | | | 10 | | | |
| 3 | 能按照规范完成制动液液位与品质的检查 | | | | 10 | | | |
| 4 | 能按照规范完成制动液的回收与添加 | | | | 20 | | A（86～100）□ B（76～85）　□ C（60～75）　□ D（60 以下）　□ | |
| 5 | 能按照规范完成制动系统管路泄漏的检查 | | | | 20 | | | |
| 6 | 能遵守劳动纪律，以积极的态度接受工作任务 | | | | 10 | | | |
| 7 | 能积极参与小组讨论，具有团队合作精神 | | | | 10 | | | |
| 8 | 能及时完成教师布置的任务 | | | | 10 | | | |
| 总分 | | | | | 100 | | | |
| 小结建议 | | | | | | | | |

# 学习活动三　行车制动器的检查与更换

## 【学习目标】

（1）能描述行车制动器的类型与特点。
（2）能描述盘式制动器与鼓式制动器的组成、类型及工作原理。
（3）能完成盘式制动器的拆装与检查。

## 【建议学时】

20学时。

## 【学习要求】

| 序号 | 学习步骤 | 学习内容 | 学时 | 备注 |
|---|---|---|---|---|
| 1 | 行车制动器的类型与特点 | 1. 行车制动器的作用；<br>2. 行车制动器的类型 | 1.5 | |
| 2 | 行车制动器的组成及工作原理 | 行车制动顺的结构 | 2 | |
| 3 | 盘式制动器的拆装与检查 | 1. 行车制动器的拆装；<br>2. 行车制动器的检查 | 16 | |
| 4 | 学习活动评价 | 学习活动评价表 | 0.5 | |

## 【学习过程】

### 一、行车制动器的类型与特点

常见的行车制动器包括盘式和鼓式两种，如图 4-3-1 所示。大部分汽车采用前后盘式制动器，少量经济型轿车中的前轮采用盘式制动器，后轮为鼓式制动器。

（a）盘式制动器　　　　　　　　　（b）鼓式制动器

图 4-3-1　制动器的分类

## （一）盘式制动器的特点

（1）一般没有摩擦助势作用，因而制动效能受摩擦系数的影响较小，制动效能低但稳定。

（2）漫水后制动效能降低较小，水在离心力的作用下很快被甩净，一般只需经一两次制动即可恢复。

（3）制动盘和制动分泵暴露在空气中，难以避免尘污和锈蚀。但是盘式制动器散热能力强，制动性能的热衰退较轻，热稳定性好。

（4）制动盘升温后沿厚度方向的热膨胀比鼓式制动盘的径向热膨胀小得多，间隙自动调整过度问题不易发生，也不会引起制动踏板自由行程过大。

（5）结构简单，较易实现制动间隙的自动调整，维护作业比较简单。

（6）因无助势作用，盘式制动器制动效能低，用于液压制动系统时所需制动管路压力较高，一般要使用伺服装置，即需在液压传动装置中加装制动加力装置（如真空助力器）和采用较大的制动分泵。

（7）兼用驻车制动时，需要加装的驻车制动装置，比较复杂，因而盘式制动器在后轮的应用受到限制。

## （二）鼓式制动器的特点

（1）有助势作用，使制动系统可以使用较低的油压，或使用直径比制动盘小很多的制动鼓。

（2）容易安装驻车制动器，有些后轮采用盘式制动器的车型，会将制动盘中心部位制造成制动鼓，用于安装鼓式制动器的驻车制动结构。

（3）零件的制造较为简单，制造成本较低。

（4）构造复杂的零件多，制动间隙需要调整，增加了维修成本。

（5）鼓式制动器的制动鼓在受热后直径会增大，会造成踩下制动踏板的自由行程加大，容易发生制动反应不如预期的情况。因此，在驾驶使用鼓式制动器的车辆时，要尽量避免连续制动造成高温而产生热衰退现象。

# 二、行车制动器的组成及工作原理

## （一）盘式制动器

### 1．盘式制动器的结构

盘式制动器的结构如图 4-3-2 所示。

制动盘分为实心盘和通风盘两种，如图 4-3-3 所示。

制动摩擦片由背板和摩擦片组成，通常底板和摩擦片采用铆接或黏接的方式连接。为防止动时由于制动摩擦片振动发出异常噪声，在制动摩擦片与制动分泵活塞之间设有消声垫片，如图 4-3-4 所示。

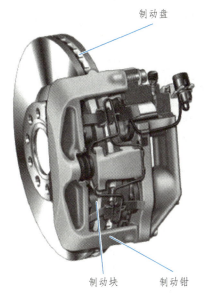

制动盘

制动块　　制动钳

图 4-3-2　盘式制动器结构

（a）实心盘

（b）通风盘

图 4-3-3　制动盘的分类

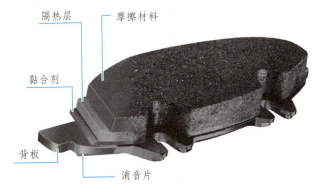

隔热层　　摩擦材料

黏合剂

背板

消音片

图 4-3-4　制动摩擦片

很多制动摩擦片上装有磨损报警装置，用来提醒驾驶人员及时更换磨损的制动摩擦片。该装置传感器主要有声音式（见图4-3-5）和电子式（见图4-3-6）两种。

图 4-3-5　声音式磨损报警装置

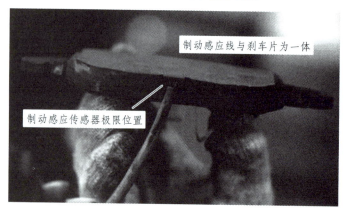

图 4-3-6　电子式磨损报警装置

注：制动感应线位置位于制动片的下部，本来是断路的，当制动片磨掉至所设置的极限时，露出的感应器就接通了电路，这时仪表盘上的报警指示灯就会亮起。

2．盘式制动器类型

钳盘式制动器按制动钳固定在支架上的结构形式可分为定钳盘式和浮钳盘式两类。

（1）定钳盘式制动器。

定钳盘式制动器的组成及工作原理如图4-3-7所示。制动钳总成直接安装在车架或转向节上。每个制动片由一个活塞推动。制动钳固定在车桥上，它不能旋转，也不能沿制动盘轴线方向移动。制动钳内装有两个分泵活塞，分别压住制动盘两侧的制动摩擦片。

制动时，制动液由制动总泵经进油口进入钳体中两个相通的液压腔中，将两侧的制动摩擦片压向与车轮固定连接的制动盘，从而进行制动。

（2）浮钳盘式制动器。

在浮钳盘式制动器中，制动钳的壳体允许在支架上轻微滑动。只有一侧有活塞，另一侧只有一个制动摩擦片。

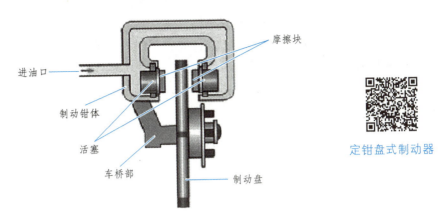

定钳盘式制动器

图 4-3-7　定钳盘式制动器

浮钳盘式制动器的组成及工作原理如图 4-3-8 所示。制动时，液压油通过进油口进入制动油缸，推动活塞及其上的摩擦片向右移动压到制动盘上，并使油缸连同制动钳整体沿销钉向左移动，直到制动盘右侧的制动摩擦片也压到制动盘上夹住制动盘使其制动。

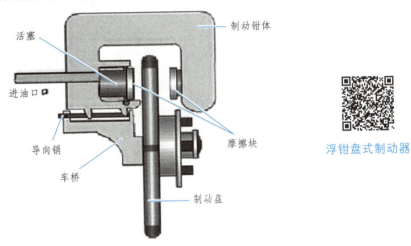

浮钳盘式制动器

图 4-3-8　浮钳盘式制动器

## （二）鼓式制动器

鼓式制动器的组成如图 4-3-9 所示。

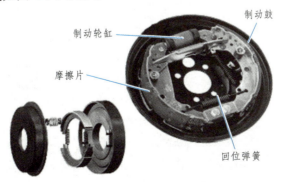

图 4-3-9　鼓式制动器结构

制动系统不工作时，制动鼓与制动蹄之间保持一定的间隙，车轮和制动鼓可自由旋转。

制动时，驾驶员踩下制动踏板，通过推杆和制动总泵（也称制动主缸）活塞，使主缸油液在一定压力下流入轮缸，并通过两个轮缸的活塞推动两个制动蹄绕支承销转动，上端向两边分开以其摩擦片压紧在制动鼓的内圆面上。不旋转的制动蹄，对旋转的制动鼓产生一个摩擦力矩从而产生制动力。

### 三、盘式制动器的拆装与检查

#### （一）制动摩擦片的拆装与检查

（1）使用工具对角松开车轮螺栓，举升车辆，拆卸车轮。

（2）拆下分泵固定螺栓，使用_____mm 开口扳手锁住内螺母，_____mm 梅花扳手松开螺栓，如图 4-3-10 所示。

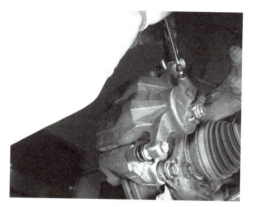

拆卸前制动块

图 4-3-10　拆下分泵固定螺栓

（3）使用挂钩固定挂起制动缸总成（分泵），防止垂吊分泵导致制动油管损伤，如图 4-3-11 所示。

图 4-3-11　挂起制动缸总成

（4）取下制动片及其附件，如图 4-3-12 所示。

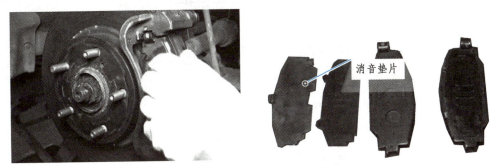

消音垫片

图 4-3-12　取下制动片及其附件

## （二）制动摩擦片的检查

使用直尺测量制动摩擦片的厚度，如图 4-3-13 所示。制动摩擦片的维修厚度为 12 mm，磨损极限为 1 mm。

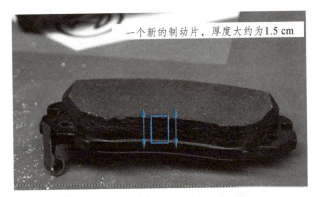

一个新的制动片，厚度大约为1.5 cm

图 4-3-13　测量制动摩擦片厚度

因为要保证内外侧制动力一致，同车桥上的制动摩擦片必须同时更换。

## （三）制动摩擦片的更换

（1）新摩擦片比旧摩擦片厚，必须使用制动分泵活塞压入工具将活塞压入，如图 4-3-14 所示。

（2）制动分泵固定螺栓拧紧力矩为____N·m。

## （四）制动盘的更换

（1）拆下制动分泵。

（2）从转向节上拆下分泵支架固定螺栓（见图 4-3-15），取下分泵支架，如图 4-3-16 所示。

安装制动块

图 4-3-14　压入新摩擦片

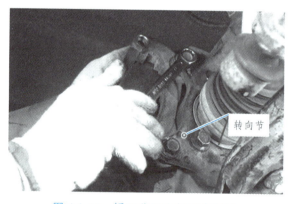

转向节

图 4-3-15　拆下分泵支架固定螺栓

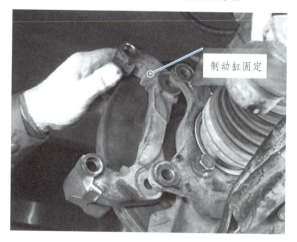

制动缸固定

图 4-3-16　取下分泵支架

（3）在制动盘和车桥轮毂做好标记，取下制动盘，如图 4-3-17 所示。

图 4-3-17　取下制动盘

（4）制动盘的安装按照与拆卸相反顺序进行。分泵固定支架螺栓拧紧力矩为____N·m。

## 【学习活动评价】

学习过程评价见表4-3-1。

表 4-3-1　学习过程评价表

| 班级 | | 姓名 | | 学号 | | 日期 | | 年　月　日 |
|------|------|------|------|------|------|------|------|------|
| 序号 | 评价要点 | | | | 配分 | 得分 | | 总评 |
| 1 | 能正确识读和填写工作页，明确学习活动要求 | | | | 10 | | | |
| 2 | 能查阅资料，写出行车制动器的作用及类型 | | | | 10 | | | |
| 3 | 能查阅资料，写出行车制动器的结构 | | | | 10 | | | A（86～100）□ |
| 4 | 能按照规范完成行车制动器的拆卸 | | | | 20 | | | B（76～85）□ |
| 5 | 能按照规范完成行车制动器的分解检查 | | | | 20 | | | C（60～75）□ |
| 6 | 能遵守劳动纪律，以积极的态度接受工作任务 | | | | 10 | | | D（60以下）□ |
| 7 | 能积极参与小组讨论，具有团队合作精神 | | | | 10 | | | |
| 8 | 能及时完成教师布置的任务 | | | | 10 | | | |
| 总分 | | | | | 100 | | | |
| 小结建议 | | | | | | | | |

# 学习活动四 制动总泵及真空助力器的检查与更换

## 【学习目标】

（1）能描述制动总泵的作用、组成、类型及安装位置。
（2）能描述真空助力器的作用、组成及安装位置。
（3）能完成制动总泵的检查与更换。
（4）能完成真空助力器的检查与更换。

## 【建议学时】

2.5 学时。

## 【学习要求】

| 序号 | 学习步骤 | 学习内容 | 学时 | 备注 |
|---|---|---|---|---|
| 1 | 制动总泵 | 1. 制动总泵的认知；<br>2. 制动总泵的检查与更换 | 1 | |
| 2 | 真空助力器 | 1. 真空助力器的认知；<br>2. 真空助力器的检查与更换 | 1 | |
| 3 | 学习活动评价 | 学习活动评价表 | 0.5 | |

## 【学习过程】

## 一、制动总泵

### （一）制动总泵的作用、组成及安装位置

制动总泵又称制动主缸（见图 4-4-1），处于制动踏板与制动管路之间，它的作用是将制动踏板输入的机械力转换为液压力。

真空助力器

图 4-4-1 制动总泵的结构

## （二）制动总泵组成

图 4-4-2 所示为串联双腔制动总泵，拥有双活塞双腔室，匹配双回路制动系统。

踩制动踏板，推杆推动活塞 a，由于前活塞回位弹簧弹力较弱，活塞 a 前移，在活塞移动过程中就会密封进油口，第一、二腔就会形成密闭空间，第一腔先建立压力。第二腔建压活塞形成反作用力，在反作用力的作用下，推杆继续移动就会克服弹簧弹力，第一活塞在伸缩杆作用下，第二腔建立压力。

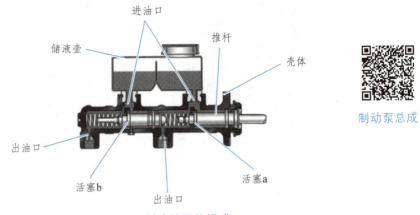

制动泵总成

图 4-4-2　制动总泵的组成

常见双管路液压制动系统的布置形式有前后分开式（Ⅱ型）和对角线分开式（X型）两种，如图 4-4-3 所示。

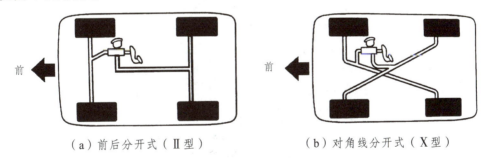

（a）前后分开式（Ⅱ型）　　　　（b）对角线分开式（X型）

图 4-4-3　双管路液压制动系统布置形式

制动总泵常见故障为制动液泄漏，泄漏可分为内漏和外漏。

【想一想】　制动总泵内漏与外漏区别是什么？

## （三）制动总泵的检查与拆装

### 1．制动总泵的检查

（1）检查制动液储液罐有无漏油。

（2）检查制动总泵管路接头有无漏油。

（3）制动总泵内漏或外漏会导致制动系统产生的故障：

① 制动跑偏。

② 制动不回位

③ 制动偏软，制动距离长。

④ 制动突然失灵。

2．制动总泵拆装

（1）在拆装前抽取制动液，检查是否过期，如图4-4-4所示。

图 4-4-4　抽取制动液检查

（2）断开制动液位指示灯开关电气连接器且与制动液储液罐分离。

（3）断开总泵副制动管接头（见图4-4-5）。盖上制动管接头并堵住总泵出油孔以防止制动液流失和污染。

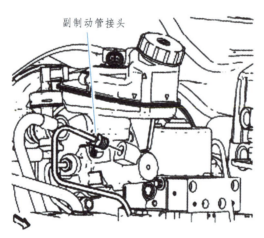

副制动管接头

图 4-4-5　断开总泵副制动管接头

（4）拆下制动总泵螺母（见图4-4-6）。

（5）卸下制动总泵。

（6）在安装前对制动总泵排空，安装后对制动回路排空。

（7）安装时按与拆卸时相反的顺序进行。制动总泵上两颗固定螺母的紧固力矩为N·m。

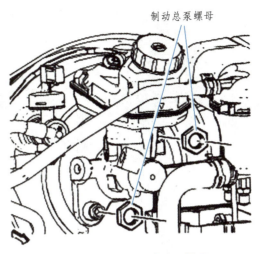

图 4-4-6　拆下制动总泵螺母

## 二、真空助力器

### （一）真空助力器的作用

真空助力器的作用是利用真空（负压）来增加驾驶员施加于制动踏板上的力。

### （二）真空助力器安装位置

真空助力器通常安装在制动踏板与制动总泵之间，如图 4-4-7 所示。

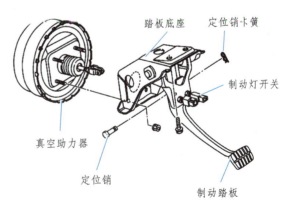

图 4-4-7　真空助力器

### （三）真空助力器的组成

真空助力器的外形与结构如图 4-4-8 所示。真空助力器主要由真空（单向）阀、制动主缸推杆、膜片回位弹簧、膜片、真空阀、控制阀弹簧、空气阀、控制推杆和壳体等组成。

其真空部件与制动总泵一起安装，利用发动机进气歧管内压力（真空）与空气压力之间的压力差作为助力源，降低制动所需的脚踏板力。

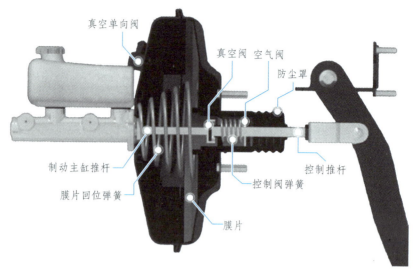

图 4-4-8　真空助力器结构

真空单向阀
真空阀　空气阀
防尘罩
控制推杆
控制阀弹簧
膜片
膜片回位弹簧
制动主缸推杆

## （四）真空助力器的检查

真空助力器失效后，驾驶员会感到制动效能下降，在踩踏制动踏板时，会感到发硬，阻力明显加大，这时应及时更换助力器总成。检查真空助力器的好坏可按以下快捷方法进行判断：

（1）发动机运转 1～2 min 后关闭，按正常力量踩下制动踏板若干次，使真空助力器的内部真空消耗掉。最初踩下时能完全踩下，随后制动踏板高度逐渐上升，说明真空助力器工作正常。

（2）启动发动机，若制动踏板感到有明显的自动下沉（增力作用），则说明该真空助力器功能正常；若制动踏板毫无反应，无增力作用，则说明该真空助力器已经失效，应予以更换。更换助力器总成时，应同时更换密封垫。助力器总成及制动主缸固定螺母的拧紧力矩为 20 N·m。

（3）发动机运转时踩下制动踏板，然后关闭发动机，在 30 s 内制动踏板高度无变化，表明真空助力器工作正常。

上述试验中任一项试验结果不符合要求，应检查真空管、阀及助力器等损坏情况。三项试验结果全部符合要求，说明真空助力器性能良好。

## （五）真空助力器拆卸

在排除真空管及真空单向阀故障后，更换真空助力器。

（1）将助力器真空管从助力器上拆下，如图 4-4-9 所示。

（2）将制动踏板推杆从制动踏板上断开，如图 4-4-10 所示。

（3）拆下制动助力器螺栓，如图 4-4-11 所示。

（4）将真空助力器卸下。

（5）安装按拆卸时相反的顺序进行。真空助力器总成固定紧固力矩为＿＿＿＿N·m。

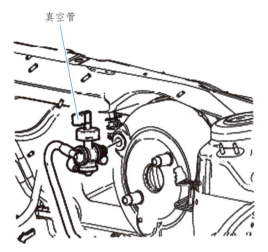

真空管

图 4-4-9　真空管位置

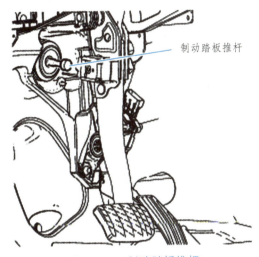

制动踏板推杆

图 4-4-10　制动踏板推杆

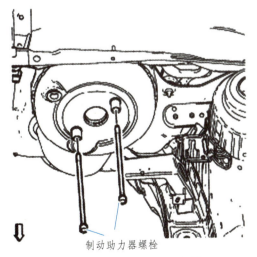

制动助力器螺栓

图 4-4-11　制动助力器螺栓

## 【学习活动评价】

学习过程评价见表4-4-1。

表4-4-1　学习过程评价表

| 班级 | | 姓名 | | 学号 | | 日期 | 年　月　日 | |
|---|---|---|---|---|---|---|---|---|
| 序号 | 评价要点 | | | | 配分 | 得分 | 总评 | |
| 1 | 能正确识读和填写工作页，明确学习活动要求 | | | | 10 | | | |
| 2 | 能查阅资料，写出制动总泵的作用及类型 | | | | 10 | | | |
| 3 | 能查阅资料，写出制动总泵的结构 | | | | 10 | | | |
| 4 | 能按照规范完成制动总泵的拆卸 | | | | 10 | | | |
| 5 | 能查阅资料，写出真空助力器的作用及类型 | | | | 10 | | A（86～100）□ | |
| 6 | 能查阅资料，写出真空助力器的结构 | | | | 10 | | B（76～85）□ | |
| 7 | 能按照规范完成真空助力器的拆卸 | | | | 10 | | C（60～75）□ | |
| 8 | 能遵守劳动纪律，以积极的态度接受工作任务 | | | | 10 | | D（60以下）□ | |
| 9 | 能积极参与小组讨论，具有团队合作精神 | | | | 10 | | | |
| 10 | 能及时完成教师布置的任务 | | | | 10 | | | |
| 总分 | | | | | 100 | | | |
| 小结建议 | | | | | | | | |

# 学习活动五　驻车制动器的检查与调整

## 【学习目标】

（1）能描述驻车制动器的作用与类型。
（2）能描述驻车制动器的组成。
（3）能完成驻车制动器的检查与调整。

## 【建议学时】

2.5 学时。

## 【学习要求】

| 序号 | 学习步骤 | 学习内容 | 学时 | 备注 |
|---|---|---|---|---|
| 1 | 驻车制动器认知 | 驻车制动器的作用、类型 | 0.5 | |
| 2 | 驻车制动器检查 | 驻车制动器的主要组成及检查 | 1 | |
| 3 | 驻车制动器调整 | 驻车制动器的调整方法 | 0.5 | |
| 4 | 学习过程评价 | 学习过程评价表 | 0.5 | |

## 【学习过程】

### 一、驻车制动器的作用与类型

#### （一）驻车制动器的作用

（1）使停驶的汽车驻留在原地不动。
（2）便于汽车在上坡坡道起步。
（3）在行车制动器失效后临时使用，或配合行车制动器进行紧急制动。

#### （二）驻车制动器的类型

（1）按照驻车制动器的安装位置，驻车制动器可分为中央制动式和车轮制动式两种，轿车一般采用安装于后轮的车轮制动式，重型货车一般采用中央制动式。

（2）按照驻车制动器的结构分类，驻车制动器可分为盘式驻车制动器（见图 4-5-1）和鼓式驻车制动器（见图 4-5-2）两种。

鼓式驻车制动器有两种类型，一种是与行车制动器共用制动鼓，另一种是采用"外盘内鼓"复合型制动盘，如图 4-5-3 所示。

盘式驻车制动系统，
用拉线控制卡钳实现制动

驻车制动拉线

图 4-5-1　盘式驻车制动器

鼓式驻车制动系统即用拉线直接控制蹄片摩擦制动

图 4-5-2　鼓式驻车制动器

后桥制动盘

驻车制动为独立的鼓式制动

镶嵌在制动盘中央的鼓式驻车制动，
独立于行车制动系统，互不干涉

图 4-5-3　复合型制动盘

（3）按照操作方式不同，驻车制动器可分为手动式驻车制动器（见图 4-5-4）、脚踏式驻车制动器（见图 4-5-5）和电子式驻车制动器（见图 4-5-6）。

图 4-5-4　手动式驻车制动器

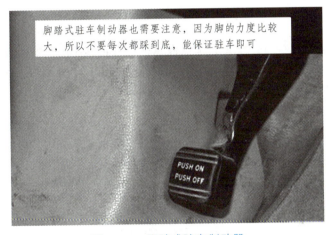

图 4-5-5　脚踏式驻车制动器

图 4-5-6　电子式驻车制动器

## 二、驻车制动器的组成

驻车制动器俗称手刹，其组成如图 4-5-7 所示，主要由驻车制动操纵杆、平衡杠杆、拉绳或拉绳调整接头、拉绳支架、制动器等组成。

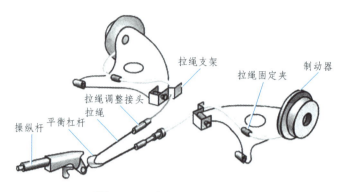

图 4-5-7　驻车制动器的组成

## 三、驻车制动器的检查与调整

### （一）驻车制动器操纵杆行程检查

拉动驻车制动器操纵杆时，检查并确保操纵杆行程在预定的槽数内拉动时可以听到"嗒嗒"声，如图 4-5-8 所示。一般驻车制动器操纵杆行程处于 3～6 槽口，如果不符合标准，应当调整驻车制动器操纵杆行程。

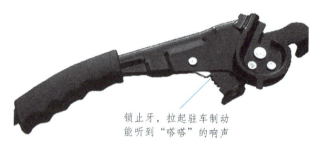

锁止牙，拉起驻车制动
能听到"嗒嗒"的响声

图 4-5-8　锁止牙

### （二）驻车指示灯工作情况的检查

在点火开关位于"ON"位置时，检查驻车指示灯工作情况，确保当驻车制动器操纵杆操作时，在拉动操纵杆到达第一个槽口前，仪表盘上的驻车制动指示灯已经点亮，如图 4-5-9 所示。

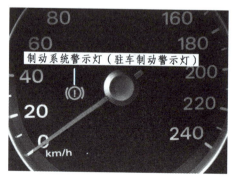

图 4-5-9　驻车制动警示灯

## （三）驻车制动器操纵杆行程的调整

以手动式驻车制动器为例，在调整前，确保驻车制动蹄片间隙已经调整好。

（1）松开锁紧螺母（见图4-5-10）。

（2）转动调整螺母直到驻车制动器操纵杆行程正确。

（3）拧紧锁紧螺母。

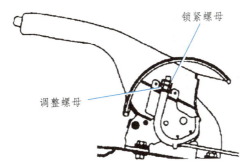

图4-5-10　驻车制动器的锁紧螺母和调整螺母

## 【学习过程评价】

学习过程评价见表4-5-1。

表4-5-1　学习过程评价表

| 班级 | | 姓名 | | 学号 | | 日期 | 年　月　日 | |
|---|---|---|---|---|---|---|---|---|
| 序号 | 评价要点 | | | | 配分 | 得分 | 总评 | |
| 1 | 能正确识读和填写工作页，明确学习活动要求 | | | | 10 | | | |
| 2 | 能查阅资料，写出驻车制动器的作用及类型 | | | | 10 | | | |
| 3 | 能查阅资料，写出驻车制动器的结构 | | | | 10 | | | |
| 4 | 能按照规范完成驻车制动器的拆卸 | | | | 20 | | A（86～100）☐ | |
| 5 | 能按照规范完成驻车制动器的分解检查 | | | | 20 | | B（76～85）☐ | |
| 6 | 能遵守劳动纪律，以积极的态度接受工作任务 | | | | 10 | | C（60～75）☐ | |
| 7 | 能积极参与小组讨论，具有团队合作精神 | | | | 10 | | D（60以下）☐ | |
| 8 | 能及时完成教师布置的任务 | | | | 10 | | | |
| 总分 | | | | | 100 | | | |
| 小结建议 | | | | | | | | |

# 学习活动六　工作总结与评价

## 【学习目标】

（1）能按分组情况分别派代表展示工作成果，说明本次任务的完成情况并做总结分析。
（2）能结合自身任务完成情况，正确规范撰写工作总结（心得体会）。
（3）能就本次任务中出现的问题提出改进措施。
（4）能对学习与工作进行反思总结，并能与他人开展良好合作，进行有效沟通。
（5）能按要求正确规范地完成本次学习活动工作页的填写。

## 【建议学时】

4学时。

## 【学习要求】

| 序号 | 学习步骤 | 学习内容 | 学时 | 备注 |
|------|----------|----------|------|------|
| 1 | 展示评价 | 成果展示、评价表填写、自我总结 | 1 | |
| 2 | 教师评价 | 对各组评价、对总体情况进行点评 | 1 | |
| 3 | 综合评价 | 综合评价表填写 | 2 | |

## 【学习过程】

### 一、展示评价

（1）以小组为单位、撰写培训总结，并选用适当的表达方式向学员展示、汇报学习成果。
（2）完成表4-6-1

表4-6-1　学习总结评分表

| 评价指标 | 评分标准 | 所占分数 | 评价方式及得分 | | |
|----------|----------|----------|----------------|----------------|----------------|
| | | | 自我评价（10%） | 小组评价（20%） | 教师评价（70%） |
| 参与度 | 小组成员能积极参与活动 | 5 | | | |
| 团队合作 | 小组成员分工明确、合理，遇事不推诿责任，协作性好 | 15 | | | |
| 规范性 | 总结格式符合规范 | 15 | | | |
| 总结内容 | 内容真实、针对存在的问题有反思和改进措施 | 25 | | | |

| 评价指标 | 评分标准 | 所占分数 | 评价方式及得分 | | |
|---|---|---|---|---|---|
| | | | 自我评价（10%） | 小组评价（20%） | 教师评价（70%） |
| 总结质量 | 对完成学习任务的情况有一定的分析和概括能力 | 15 | | | |
| | 结构严谨、层次分明、条理清晰、表达准确 | 15 | | | |
| | 能简明扼要地阐述总结的主要内容，能准确流利地表达 | 10 | | | |
| 得分 | | | | | |
| 学生姓名 | | 评价教师 | | 总分 | |

## 二、教师对展示的作品分别作评价

（1）找出各组优点点评。

（2）对任务完成过程中各组的缺点进行点评，提出改进方法。

（3）对整个任务完成中出现的亮点和不足进行点评。

## 三、学习任务综合评价（见表 4-6-2）

表 4-6-2　学习任务综合评价

| 序号 | 学习活动 | 得分 |
|---|---|---|
| 1 | 学习活动一 | |
| 2 | 学习活动二 | |
| 3 | 学习活动三 | |
| 4 | 学习活动四 | |
| 5 | 学习活动五 | |
| 综合得分 | | |
| 学生姓名 | | 评价教师 | | 评价日期 | |

# 参考文献

［1］ 人力资源社会保障部教材办公室. 汽车底盘简单故障检修（一）教师用书[M]. 北京：中国劳动社会保障出版社，2022.

［2］ 中国就业培训技术指导中心. 技工院校工学一体化教师培训指导手册[M]. 北京：中国劳动社会保障出版社，2023.

［3］ 屠卫星. 汽车底盘构造与维修[M]. 北京：人民交通出版社，2010.

［4］ 李波，韩敬贤，裴兆. 高职汽车维修人才的培养实践与探索——以"汽车底盘构造与维修"课程为例[J]. 内燃机与配件，2023（7）：123-125.

［5］ 杨华明. 校企双元合作开发《新能源汽车底盘构造与维修》综合实训活页式教材探索[J]. 汽车维修技师，2024（6）：19-21.